LEBEN
lieben

bene!

Doch mit Ja und Nein
und Für-immer-vorbei
nicht müde werden,
sondern dem Wunder
leise wie einem Vogel
die Hand hinhalten.

Hilde Domin

Hilde Domin
(1909-2006)
dt. jüd. Schriftstellerin

2

Manchmal scheint ein Tag wie jeder andere zu sein.
Eine immergleiche Wiederholung. Kalter Kaffee. Alltag.
Und dann werden wir unterbrochen.
Durch einen Besuch, eine Krise, ein Geschenk,
eine Liebe, einen Abschied oder einen Vogel,
der vor unserer Haustür zwitschert.
Wir wachen auf aus unserem Winterschlaf,
reiben uns die Augen, wundern uns, dass die Sonne wieder aufgegangen ist,
stehen auf, tasten uns Schritt für Schritt hinaus. Und hören hin.

Als wäre es das erste Mal, fragen wir uns, wie wir eigentlich leben wollen.
Graben wir unseren Garten um, säen Gurken und Hoffnung,
stolpern über Fragen und klettern auf einen Baum.
Pflücken Erdbeeren und kochen mit den Kindern Marmelade ein.
Decken den Tisch, öffnen die Tür, teilen Essen, Sorgen und Freuden,
halten wir Vögeln, Blumen und Menschen Hand und Herz hin.

Und entdecken, dass längst andere vor uns hier gewesen sind.
Menschen von überallher und aus allen Zeiten.
Sie werden uns zu Weggefährt*innen. Ihre Rezepte und Rituale
probieren wir aus. Ihre Traditionen und Bräuche holen wir uns wieder,
gehen dem Rythmus der Jahreszeiten nach,
lassen Fragen und Fremdes zu, kommen auf neue Ideen
und machen unser eigenes Ding draus.

An Tagen wie diesen fallen wir abends müde ins Bett.
Dankbar für dieses Wunder, das wir Leben nennen.
Dankbar, unterwegs zu sein,
dankbar, einkehren zu dürfen.
Und vorfreudig auf morgen, wenn uns
das Leben erneut die Hand hinhalten wird.
Dann brechen wir wieder auf.
Kommst du mit?

Von Herzen,

Inhalt

Mach schnell,
   mein Liebes!
Komm heraus,
   geh mit!
Der Winter ist
vorbei mit seinem Regen.
Es grünt und blüht,
so weit das Auge reicht.
   Im ganzen Land
hört man die Vögel singen;
nun ist die Zeit der
   Lieder wieder da.

Hohelied 2,10-12

Vogelstimmen lauschen:

Kurz vor Sonnenaufgang rausgehen, Ohren
spitzen, lauschen. Wir nehmen die Vogelstimmen
mit dem Handy auf. Später vergleichen wir sie
mit Hörbeispielen auf Vogelstimmen-Portalen
im Internet. So finden wir heraus, wer in
unserer Gegend so fröhlich zwitschert.

Gartenrotschwanz

KONZERT
vor der Haustür

Draußen ist es noch kalt. Das Land karg. Der Frühling lässt auf sich warten. Und doch, die Vögel ahnen schon etwas. Fangen schon mal an zu singen, vom ersten Grün und vom Blühen.
Besonders die Männchen. Mit ihren Liedern erklären sie den Weibchen ihre Liebe. Und machen uns nebenbei Lust aufs Leben, aufs neue Jahr, aufs Draußensein.
Ihr Gesang ist es, der uns rauslockt vor unsere Haustüren. Der Gartenrotschwanz allen voran. Noch vor Sonnenaufgang beginnt er zu zwitschern. Nach und nach stimmen die anderen Vögel ein. Jeder hat seinen eigenen Part in dem großen Konzert, das uns zu Frühaufsteher*innen werden lässt. Zu Lauschenden. Und womöglich selbst zu Singvögeln?
Herausspaziert!

Rotkehlchen

Der leise perlende Gesang des Rotkehlchens
klingt melodisch und wehmütig.
Verteidigt es aber sein Revier, dann
mit einem scharfen »tickticktickticktick«.
Das Rotkehlchen ist ein ausdauernder
Sänger. Man kann es auch im Winter hören.

tick tick tick

oder

flöten

schnickern

Zilpzalp

zilpzalp

Der Laubsänger trägt braun-grünes Gefieder, das ihn tarnt. Er sieht dem Fitis zum Verwechseln ähnlich. Nicht leicht also, den Zilpzalp zu entdecken. Fängt er aber an zu singen, ist alles klar. Wie der Kuckuck ruft er seinen eigenen Namen.

ticksen

schnirpen

rollen

Ihr Gefieder ist eher schlicht, ihr Gesang dafür umso außergewöhnlicher. Manch einer schätzt Amseln talentierter ein als Nachtigallen. Typisch ist ihr Kontergesang. Wechselseitig antworten die Männchen auf den Gesang eines anderen Amselmännchens und greifen dabei dessen Motive auf. Amselfrauen wiederum bauen fantastische Nester aus Moos, Halmen, Wurzeln, Lehm und Erde. Meist bleiben Amseln ihr Leben lang an einem Ort.

Amsel

klappern

zwitschern

Mönchsgrasmücke

Die Mönchsgrasmücke ist bekannt für ihren wohltuenden Gesang. Nach einem geschwätzigen Zwitschern folgen über zehn edle Töne, die gut nachzupfeifen sind. Bei Aufregung klingt ihr Ruf allerdings hart wie das Aufprallen von Kieselsteinen auf Eis. Je nach Verbreitungsgebiet hat ihr Gesang einen anderen Dialekt.

Grünfink

Der Langschläfer unter den Singvögeln beginnt seinen Gesang erst zehn Minuten nach Sonnenaufgang. Sein Trillern und Zwitschern klingt wie der Gesang des Kanarienvogels. Zwischendurch unterbricht er es mit einem quäkenden »dschwäää«. Beim Singen schwenkt Herr Grünfink die Flügel wie ein Schmetterling. Damit die Damen ihn auch ja nicht übersehen. Übrigens ernährt der Grünfink sich ausschließlich vegetarisch.

klingeln

quäken

trillern

Star

Der Star ist ein intelligenter Imitator. Nicht nur den Gesang anderer Vögel kann er nachmachen: Mitunter miaut der Spaßvogel wie eine Katze oder knattert wie ein Motorrad. Wenn sich ein Raubvogel naht, formieren sich Stare zu einer großen Vogelwolke, um dem Feind Angst einzujagen. Dabei achtet jeder auf die Form des gesamten Schwarms. Die Tupfen auf seinem Gefieder ändern je nach Jahreszeit ihre Farbe und erinnern an einen Sternenhimmel. Daher auch der Name »Star«.

schnalzen

plappern

pfeifen

feilen

gurren

Dompfaff

Auch unter dem Namen Gimpel bekannt, hält der gemütliche, dickliche Vogel zu seinen Artgenossen mit einem melancholisch flötenden »Djüh« Kontakt. Ein Lied, das ein Dompfaff einmal gelernt hat, singt er sein Leben lang. Singen lernen die Kinder vom Vater. Aber auch von Menschen. Jungvögel können nachsingen, was Menschen ihnen beibringen. Früher wurden sie deswegen häufig als Haustiere gehalten.

Blaumeise

...zizi zirr
zirpen
binken
finken

Sie ist die kleine Schwester der Kohlmeise
und liebt es, kopfüber von Zweigen zu hängen.
Als Höhlenbrüter zieht sie gerne in Meisen-
kästen und manchmal sogar in Briefkästen.
Sie begeistert mit abwechslungsreichem, hel-
lem Gesang, der meist mit einem Triller endet.

Eichelhäher

Er kann im Herbst bis zu zehn Eicheln in seinem
Kehlsack sammeln. Und eine zusätzlich im Schnabel.
Wie ein Eichhörnchen vergräbt er sie dann für die
karge Winter- und Frühlingszeit. Da er sie nicht
immer wiederfindet, wird er zum Gärtner, der Bäume
pflanzt. Außerdem fungiert er als Polizist, indem er
Eindringlinge des Waldes mit lautem »Rähhh«-Ruf
verrät. Ein Meister der Imitation ist er auch noch.
Mal klingt er nach Habicht, mal nach Specht.
»Spötter« wird er deswegen auch gerne genannt.

kreischen
hähern

Kohlmeise

Die größte und verbreitetste Meise kündigt mit ihrem Rufen lautstark den Frühling an. Bei der Partnerwahl bevorzugen die Damen Männchen, deren Gesang dem ihres Vaters ähnelt. Kohlmeisen sind gern gesehene Gäste in unseren Gärten, da sie Pflanzenschädlinge von Bäumen wegpicken. Ständig drehen sie sich hektisch um, als hätten sie etwas zu befürchten. Guckguck, wir sind's doch nur!

zinzelieren

schnerrbsen

jiji-dää

"zwi-zwi"...
Das ist die erste leise Regung des kommenden Frühlings,
trotz Schnee und Frost und Einsamkeit glauben wir
– die Kohlmeisen und ich –
an den kommenden Frühling!
Und wenn ich den vor Ungeduld nicht erleben sollte,
dann vergessen Sie nicht,
dass auf meiner Grabestafel nichts stehen darf außer
"zwi-zwi"... In Gefangenschaft geschrieben von Rosa Luxemburg (1871–1919), Vertreterin der Arbeiterbewegung

und diese LIEDER singe ICH am liebsten

Die Stimme spiegelt unser Innerstes. Mit ihr können wir flüstern, jubeln, schluchzen, schreien, singen. Sie ist unser erstes Instrument. Der Ursprung eines jeden Tons ist der Atem. Ob zuerst das Sprechen oder das Singen da war, darüber sind sich die Wissenschaftler*innen uneins. Der Evolutionsforscher Charles Darwin vermutet, dass der Mensch zuerst sang und sich dadurch wie der Vogel Vorteile bei der Partnerwahl verschaffen wollte. Der Philosoph und Psychologe Carl Stumpf dagegen führt die Motivation des Singens weniger auf die Liebe denn auf religiöse, heilende und kriegerische Ursachen zurück. Der US-amerikanische Musikforscher David Huron wiederum ist überzeugt, dass das Singen vor allem soziale Gründe hat und zur Stärkung des Zusammenhalts führt.

In jedem Fall scheint das Singen in der Natur des Menschen zu liegen. Ob unter der Dusche oder auf der Bühne, alleine im Wald oder mit anderen im Chor: Singen macht Freude und belebt. Der Dirigent und Geigenvirtuose Yehudi Menuhin meint sogar, dass das Singen uns den Rhythmus des Lebens lehrt.

Das Singen entfaltet sich in dem Maße,
wie es aus dem Lauschen, dem achtsamen Hören erwächst.
Singend können wir uns darin verfeinern,
unsere Mitmenschen und unsere Mitwelt zu erhören.

Yehudi Menuhin (1916–1999)
US-amerik., schweizer. und brit. Violonist und Dirigent

Alle Vögel sind schon da

Volksweise

Al - le Vö - gel sind schon da, al - le Vö - gel,

al - le! Welch ein Singen, Mu - si - ziern,

Pfei - fen, Zwit - schern, Ti - ri - liern! Früh - ling will nun

ein - mar - schiern, kommt mit Sang und Schal - le.

Hoffmann von Fallersleben
(1798–1874)
dt. Dichter

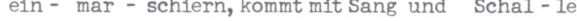

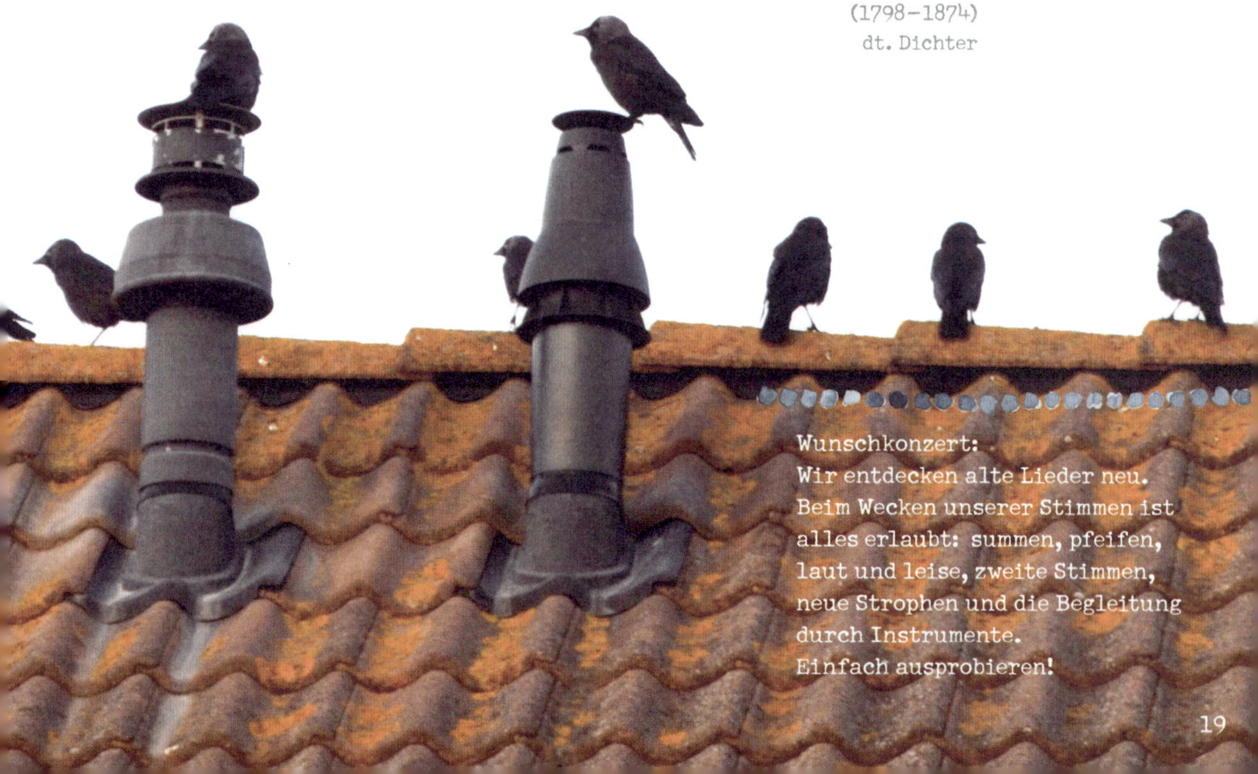

Wunschkonzert:
Wir entdecken alte Lieder neu.
Beim Wecken unserer Stimmen ist
alles erlaubt: summen, pfeifen,
laut und leise, zweite Stimmen,
neue Strophen und die Begleitung
durch Instrumente.
Einfach ausprobieren!

bruder wind

Franz
von Assisi

Schon ein
ganz kleines Lied
kann viel Dunkel
erhellen.

Franziskus von Assisi (1181/2–1226)
Begründer des Franziskanerordens

Mit Vögeln sprechen. Bäume umarmen. Im Winter die Bienen mit Honig versorgen. Durchs Land ziehen. Alte Kirchen ausbessern. Von der Hand in den Mund leben. Und mit den Armen und Kranken per Du. Das bist du. Franziskus.

Wie bist du so geworden? So ein verrückter Vogel? Du bist doch immer der feine Herr aus gutem Hause gewesen. Geschäftstüchtiger Tuchhändlersohn. Stadtbekannt und stets im Mittelpunkt. Ein mutiger Krieger. Doch dann gerätst du in Gefangenschaft. Da bist du Anfang zwanzig. Krank kommst du zurück. In deiner Seele ist es Nacht. Du sinkst auf den dunklen Grund des Lebens. Trotzdem willst du noch einmal in den Krieg ziehen, wünschst dir ja immer noch, in den Ritterstand erhoben zu werden. Doch unterwegs wirst du wieder krank. Du brichst dein Vorhaben ab und kehrst zurück. Jahre der inneren Wandlung folgen, in denen du wieder und wieder die Liebe nach dir rufen hörst. Einmal geschieht das, als du in der kleinen, halb zerfallenen Kirche San Damiano meditierst. »Franziskus, geh und bau mein Haus wieder auf ...«, hörst du.

Ein anderes Mal begegnest du einem Aussätzigen. Früher hättest du ihn gemieden, hättest Angst gehabt, dich anzustecken. Diesmal siehst du sein Gesicht, sein Herz, den Menschen. Und du kannst nicht anders, als von deinem Pferd zu steigen und ihn zu umarmen. In der Umarmung weicht die Angst, wirst du selbst zum Menschen. Es sind diese Jahre, in denen sich

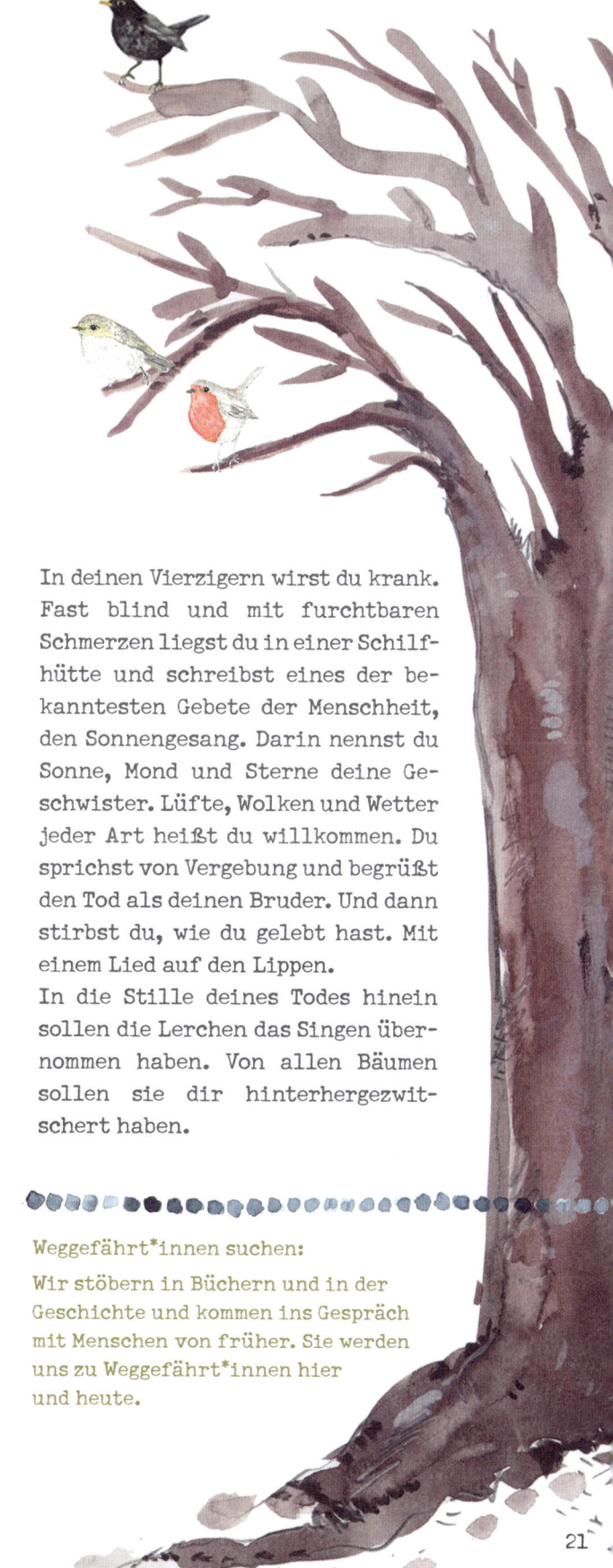

alles wendet. Du ziehst dein altes Leben aus. Wirfst deine teuren Kleider deinem Vater vor die Füße. Sprichst von deiner Suche nach dem Vater im Himmel. Verkaufst dein Pferd und alle deine Besitztümer auf dem Marktplatz deines Heimatortes. Sie lachen über dich. Erklären dich für verrückt.

Andere folgen dir. Darunter ein Geschäftsmann, ein Jurist, ein Landwirt. Ihr nennt euch die »Minderbrüder«. Aus euch werden einmal die »Franziskaner« hervorgehen. Ihr besitzt nichts. Deswegen müsst ihr euch auch nicht absichern und nichts verteidigen. Es sind eure Herzen, ungeschützt und offen, die euch zum Markenzeichen werden. Die Liebe wollt ihr leben. Und findet keinen anderen Weg, es zu tun, als genau so.

Einmal versetzt ein Wolf eine ganze Stadt in Angst und Schrecken. Du gehst ihm entgegen. Du nennst ihn Bruder, versprichst für ihn zu sorgen und zähmst ihn. Die Menschen der Stadt machen mit, nach und nach, und versorgen das Tier reihum. Noch zwei Jahre lebt der Wolf friedlich weiter, bis er an Altersschwäche stirbt.

Als der Papst im Heiligen Land gegen die Muslime in den Krieg zieht, machst du dich auf die lange, beschwerliche Reise dorthin. Um den Dialog zu suchen. Unbewaffnet und ohne zu wissen, was dich erwartet. Sultan al-Kamil empfängt dich, ihr kommt ins Gespräch. Fruchtbar soll es gewesen sein, euer Miteinander. Wie mutig. Von euch beiden.

In deinen Vierzigern wirst du krank. Fast blind und mit furchtbaren Schmerzen liegst du in einer Schilfhütte und schreibst eines der bekanntesten Gebete der Menschheit, den Sonnengesang. Darin nennst du Sonne, Mond und Sterne deine Geschwister. Lüfte, Wolken und Wetter jeder Art heißt du willkommen. Du sprichst von Vergebung und begrüßt den Tod als deinen Bruder. Und dann stirbst du, wie du gelebt hast. Mit einem Lied auf den Lippen.

In die Stille deines Todes hinein sollen die Lerchen das Singen übernommen haben. Von allen Bäumen sollen sie dir hinterhergezwitschert haben.

Weggefährt*innen suchen:

Wir stöbern in Büchern und in der Geschichte und kommen ins Gespräch mit Menschen von früher. Sie werden uns zu Weggefährt*innen hier und heute.

Eine Annäherung an den Boden
in Siebdrucken und Worten
von Ann-Kathrin Blohmer.

am Boden

Als Kind lebte ich mit meiner Familie in einem kleinen Dorf. Unser Haus lag am Rand des Ortes auf einem Berg. Unsere Nachbarin zur Linken war die Gemüsefrau, die immer mittwochs und samstags mit ihrem alten Auto, das hinten eine kleine Ladefläche hatte, durch das Dorf fuhr. Mit einer großen, schweren Glocke kündigte sie sich an, um an verschiedenen Stellen des Dorfes Obst und Gemüse zu verkaufen.

Über uns am Hang gab es noch ein anderes Haus, das nur am Wochenende bewohnt war und zu dessen Bewohnern wir kaum Kontakt hatten. Von meinem Dachfenster aus schaute ich zur rechten Seite auf ein weites Feld und den angrenzenden Wald. Das Feld gehörte entfernten Verwandten, die alle paar Jahre aus Kanada anreisten, um »dreimal auf ihrem Grund und Boden zu springen«, wie sie es selbst zu sagen pflegten. Als Kinder fanden wir das lustig und sprangen gerne mit ihnen über die Wiese. Hohes Gras, Feldblumen und Gräser, durch die der Wind

streicht, so hoch gewachsen, dass man sich fast darin verstecken konnte. Und darunter? Satte Erde, verborgen, fest. Ich erinnere mich, einmal mit meinen Freundinnen – den Zwillingen, zu denen ich bis heute Kontakt habe – einen Schatz vergraben zu haben. Der Schatz war eine längliche Blechdose, in die wir Dinge legten, die uns damals unendlich wertvoll erschienen: eine Goldkette aus Plastik, besondere Steine, eine Schlumpffigur und glitzernde Armreifen.
Wir mussten graben, und ich erinnere mich, dass es schwer war. Zunächst die Grasnarbe entfernen, obere Bodenschichten abtragen, tiefer nach unten wühlen, Wurzeln, Steine und Regenwürmer ausgraben. Wir wechselten uns ab mit der Gartenschaufel. Schließlich war das Loch tief genug. Wir legten die Kiste hinein, schauten noch einmal auf unseren Schatz – drei Augenpaare in die Tiefe gerichtet – und schaufelten das Loch wieder zu. Verschwunden. Wir versuchten, uns die Stelle zu merken, malten eine

Schatzkarte mit dickem rotem Kreuz, und dennoch fanden wir die Kiste nie wieder. Der Boden hatte sie aufgenommen und würde sie nicht wieder preisgeben. Nur in unseren Köpfen lebte sie weiter, und wir sponnen Geschichten von Schatzsuchern, die unseren Schatz eines Tages finden würden. So lag ein Zauber auf diesem Boden, im Verborgenen, im Dunkeln, von dem niemand wusste. Das machte uns zu Gefährtinnen, zu Komplizinnen einer unsichtbaren Spur.

Es war dann auch dieselbe Wiese, die einige Jahre später abbrannte. Lichterloh, da mein Bruder mit den Streichhölzern hatte spielen müssen. »Kerle, des der Bode do jetzt verbrenne tut, is doch gut«, sagten die Alten im Dorf, »do wächsts jetzt wirrer richtig gut.«

Mein Vater ist in dem Dorf geboren, und seine Eltern, meine Großeltern Martha und Otto, lebten dort bis zum Ende. Bis sie kurz nacheinander in einem gemeinsamen Grab auf dem Dorffriedhof unterhalb der Kirche begraben wurden. Wieder wurde ein Loch geschaufelt, etwas vergraben, zur Ruhe gelegt. Wir warfen unsere letzte Schaufel Erde – leise fielen die braunen Krumen in die Tiefe. Noch heute pflanzen wir dort Wicken, die Lieblingsblumen meiner Oma. Sie winden sich mit ihren hellrosa bis tiefvioletten Blüten um die Gräber, umhüllen sie.

Manchmal, wenn ich auf Besuch nach Hause komme, stehe ich dort, auf dem Boden. Manchmal kann ich die Stimme meiner Oma hören, wie sie singt: »Gott ist die Liebe, die mich erlöset, Gott ist die Liebe.«

Meine Großeltern hatten einen kleinen Bauernhof, zu meiner Zeit nur noch mit Hühnern und Landwirtschaft, und ich liebte es, gemeinsam mit meinem Opa auf dem Traktor über die Felder zu fahren.

Im Frühling wurde gepflügt, ich schaute von meinem hohen Platz auf dem linken Traktorrad hinter mich und sah zu, wie die Furchen tief in die Erde gegraben wurden. Aufgeplatzter, gefurchter, zerwühlter Boden.

Dann wurde gesät. Ich liebte Kartoffeln, schon damals. »Setz-Kartoffeln«, allein das Wort hatte etwas Vielversprechendes. Wir vergruben die kleinen hellbraunen Kugeln in den Furchen, Reihe um Reihe, stets den richtigen Abstand wahrend. Ich freute mich schon jetzt auf den Tag ein halbes Jahr später, wenn meine Familie zur Kartoffelernte antreten würde. Tanten und Onkel, Cousins und Cousinen würden gemeinsam den Schatz heben.

Wir kleineren Kinder hatten die Aufgabe, die verlesenen Kartoffeln nach Größe zu sortieren und die angeschlagenen auszusortieren. Diese wurden am Ende des Tages in das Kartoffelfeuer geworfen. Mit Stöcken fischten wir die halb verkohlten Kartoffeln aus dem Feuer, verbrannten uns die Hände an den heißen Schalen, deren weiches Inneres wir verschlangen. Zufrieden waren wir dann, mit schwarzen Händen und Gesichtern.

Heute lebe ich mit meiner Familie in einem alten Haus in der Stadt. Der Boden hier fühlt sich anders an, sieht anders aus. Vielleicht erscheint er mir manchmal etwas weniger nachgiebig als der Boden am Haus meiner Eltern. So glatt, perfekt poliert.
Wir haben Hochbeete in unseren Hof gebaut, gefüllt mit verschiedenen Bodenschichten. Hier hinein säen wir Blumen für die Bienen und für uns, einfach weil sie so wunderschön sind.

Und Kräuter, die wir in unser Essen streuen. Tomaten, die so herrlich hoch wachsen und von denen man, trotz kleinem Boden, so viel ernten kann.
Neulich hat mein jüngster Sohn eine tote Biene gefunden. Er bemalte eine leere Streichholzschachtel und legte die Biene hinein. Paula Antonia nannte er sie. Dann hat er ein Loch gegraben, mit seiner Sandschaufel, und die Kiste hineingelegt. Beerdigt, wie einen Schatz. Wir markierten die Stelle mit einem kleinen Kreuz und ließen sie in Frieden ruhen. Ich bin gespannt, was hier im nächsten Jahr wächst, Paula Antonia.
Boden – du Schatzkammer – Grund – Speicher – Halt und Erinnerung. Wenn ich das nächste Mal über weichen Boden laufe, möchte ich meine Schuhe ausziehen und meine Füße eingraben, die Zehen im Schlamm.
Halt finden.
Verbunden sein.

Barfuß gehen:

Manchmal ziehe ich meine Schuhe aus.
Um herauszufinden, wo ich stehe.
Ist der Boden unter meinen Füßen
warm oder kalt? Weich oder hart oder
irgendwas dazwischen? Wie fühlt sich
ein Zebrastreifen an, wie eine Pfütze,
wie eine Wiese? Welche Geräusche machen
meine Füße, und was bleibt an ihnen
kleben? Wie schnell bin ich, und wie
langsam muss ich werden? Wie weit kann
ich gehen und wie tief?

ascher MITTWOCH

Gestern waren wir noch verkleidet. Haben Fastnacht gefeiert. Heute ist Aschermittwoch. Noch 40 Tage bis Ostern. Traditionell wird in diesen Wochen gefastet. Und zu Beginn ein Feuer gemacht. Wir machen mit. Auf unsere Weise. Wir nehmen die Luftschlangen von gestern. Und Dinge, die uns das Leben schwer machen. Die haben wir auf Zetteln notiert. Dann beobachten wir, wie das, was zuvor so groß schien, im Feuer in sich zusammenfällt. Zu einem Häufchen Asche.

Früher zerrissen Menschen, die trauerten oder Buße taten, ihre Kleider und streuten sich Asche auf den Kopf. Manche setzten sich sogar in die Asche hinein. Eine Tradition, die sich bis heute in manchen Kirchen gehalten hat, ist das Aschekreuz auf der Stirn. Die Menschen empfangen das Zeichen mit den Worten: »Bedenke Mensch, dass du Staub bist und wieder zum Staub zurückkehrst!«

Wer mag, kann darin eine Einladung hören. Zum Beispiel, sich in den kommenden Wochen mit den großen Fragen des Lebens auseinanderzusetzen: Woher komme ich?

Wohin gehe ich?

Wer bin ich?

Frühjahrsputz und Fastenzeit:
Früher haben die Menschen Asche als Putzmittel verwendet. Welcher Frühjahrsputz steht bei mir an? Was möchte ich loslassen in der Fastenzeit? Welchen neuen Gewohnheiten möchte ich Platz machen?

Mit dem Himmel auf Erden
ist es wie mit einem Schatz,
der in einem Acker vergraben war.

Ein Mensch entdeckte ihn
und grub ihn wieder ein.
Und in seiner Freude ging er hin,

verkaufte alles, was er besaß,
und kaufte den Acker.

In Anlehnung an
Matthäus 13,44

Senfkorn

Teil einer Geschichte werden:
In alten Erzählungen graben.
Der eigenen Geschichte auf
die Spur kommen. Sich öffnen.

Eine Nacherzählung
in Anlehnung
an Lukas 13,18-19

himmel auf Erden

Mit dem Himmel auf Erden

ist es wie mit einem Senfkorn.

Es ist das kleinste unter den Samenkörnern,

fast verschwindet es in der Hand,

und doch steckt der ganze Himmel drin,

wenn du es loslässt ...

fliegt es WE I T,

und

fällt

tief,

runter,

in die Erde,

verliert sich

und verschwindet,

bis keiner es mehr sieht ...

im Dunkeln

kommt es an

und stirbt.

DUNKEL

Doch hör mal,

wie es atmet,

hör atmet

schau,

es dreht sich um, gräbt sich ein,

wühlt auf, schlägt Wurzeln, sammelt sich und findet

Halt ...

... erhebt

sich aus der Tiefe,

gezogen vom Licht,

sucht es sich seinen Weg,

mit aller Macht ganz zart,

bis es durch die Oberfläche bricht,

noch ganz grün hinter den Ohren,

pass auf, dass du nicht drauftrittst ...

FRAGILE

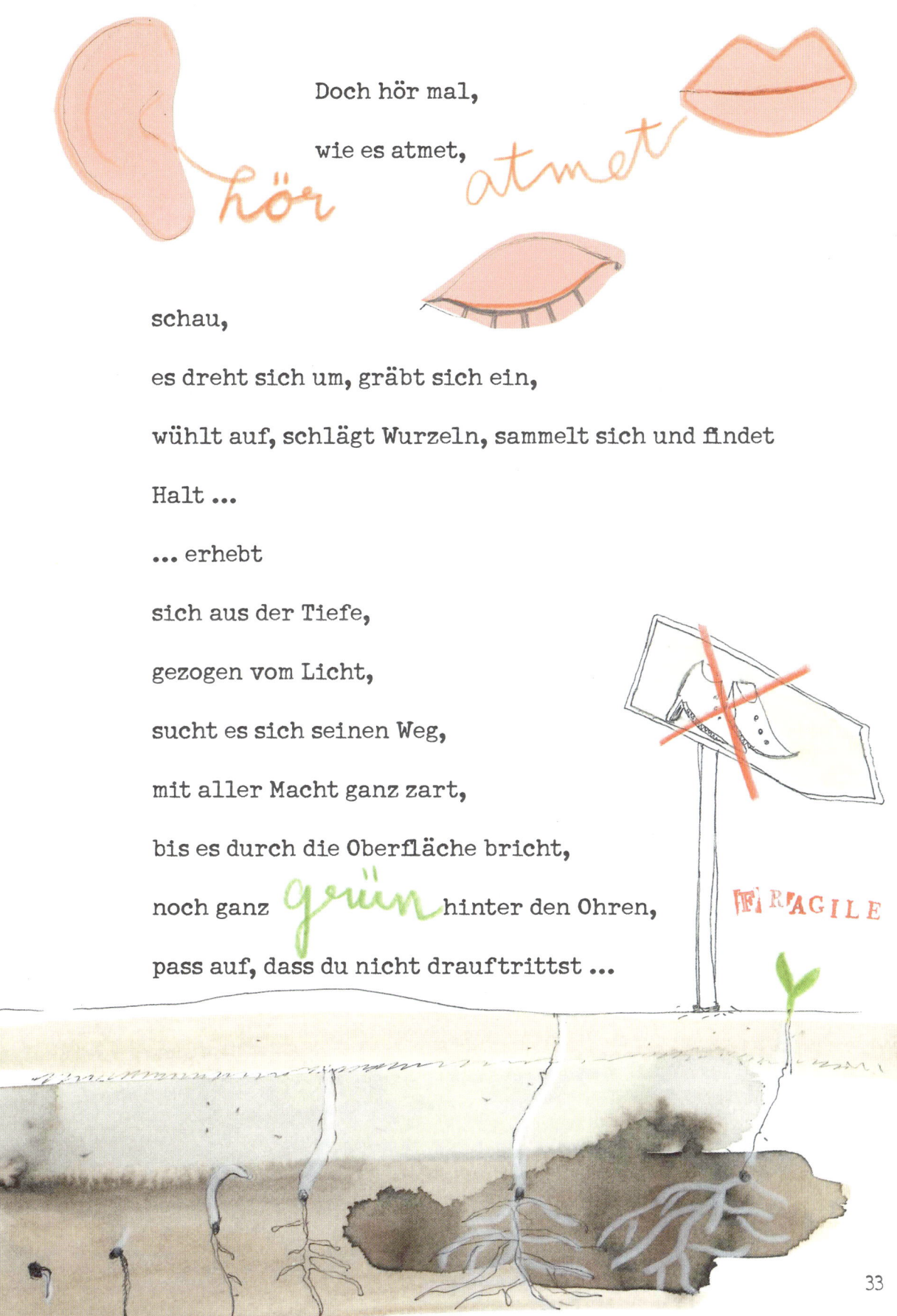

33

schaut

... und schau her, wie es wächst,

bald groß wie ein Grashalm,

den Blumen nach,

bald weit wie ein Strauch

und noch darüber hinaus,

als Baum zeigt es sich,

mit Zweigen weit,

in alle hundert Himmelsrichtungen ...

... dass die Vögel

und die Wolken

zwischen Himmel und Erde

ein Zuhause finden

und Nester bauen ...

... und

DU ?

Stell dir vor, du bist eine Wiese.

Unscheinbar vielleicht, grenzenlos,

frisch gemäht oder ganz verwildert

oder umgegraben, durcheinander, brachliegend.

Und in dich fällt dieses Korn ...

PFLANZ -eine- ❧Blume❧ -TAG

Vorfreude säen:

Wir geben Blumentöpfen und alten Verpackungen ein neues Gesicht und befüllen sie mit Erde und Samenkörnern. Dazu kreieren wir Pflanzschilder. Geschenke, die Vorfreude wecken!

Früher dachten die Menschen rund um Aschermittwoch an die Vertreibung aus dem Paradiesgarten. Wir schüren lieber Vorfreude auf Frühling und Ostern und legen einen Garten an. Er wird uns durch die Fastenzeit begleiten.

Die Fastnachtsasche mischen wir unter die Erde als Dünger für die Samenkörner. Und dann lassen wir unserem Garten Zeit. Und unserer Seele. Ist sie ja selbst wie ein Garten, der gepflegt und begossen werden will. Sagte schon die Mystikerin Teresa von Ávila. Übrigens, dem Pflanzen von Blumen ist tatsächlich ein Tag gewidmet: der 12. März.

in die TIEFE

Die Samenkörner, die wir gesät haben, führen uns in die Tiefe. Beim Baum festigt der erste Teil, der aus dem Samenkorn hervorkommt, den Keimling im Boden. Damit er bei einem Sturm nicht umkippt. Von dort breiten sich nach und nach weitere Wurzelteile aus. Sie versorgen den Strunk mit Wasser und Nährstoffen. Diese steigen durch Röhren in den Stamm, in die Äste und in jedes noch so kleine Blatt.

Schaue ich mir meinen Familienstammbaum an, entdecke ich Wurzeln

geografischer, kultureller und ethnischer Art. Fühle ich mich »entwurzelt«, dann kann das mit häufigem Ortswechsel zu tun haben, mit Krieg oder Krankheit. Oder damit, dass ich mich entfernt habe von dem, was mich nährt. Wenn ich ein »Problem an der Wurzel« packe, dann suche ich nach dem Ursprung einer Sache, um sie zu lösen. »Wurzeln schlagen« heißt, einen Ort zu finden, an dem ich bleiben möchte. Um mich dort einzurichten und zu entfalten.

Atemwurzler

Luftwurzler

Unsere Wurzeln sind so unterschiedlich wie die der verschiedenen Pflanzen und Bäume.
Manche Bäume benötigen tiefe Wurzeln, die viel Halt bieten. Die Wurzeln dieser »Tiefwurzler« wie Kiefern
und Tannen sind tiefer, als der Baum
in die Luft ragt. Die Wurzeln von Kastanien und Haselnussbäumen breiten
sich dagegen ringförmig um den Baum
aus. Man nennt sie »Flachwurzler«.
Manche Gewächse wachsen auf Mauern
oder auf Bäumen. Sie bilden »Luft-
wurzeln«, die von den Ästen aus in
den Boden wachsen. Bäume, die im
Wasser leben, entwickeln zusätzliche
»Atemwurzeln«, die vom Boden aus
nach oben wachsen, wo sie sich dann
den nötigen Sauerstoff holen.

Tiefwurzler ↓

Flachwurzler →

Wenn aus WURZELN *brücken* werden

Wurzeln können sich um Hindernisse wie Straßen und Häuser herum bewegen. Pflastersteine heben sie mitunter sogar hoch. Brücken schlagen können sie auch. In Indien werden aus Wurzeln des Gummibaums lebende Brücken über Flüsse gebaut. Am Ufer werden dafür Holzgerüste errichtet, die die Bäume nach und nach mit ihren Wurzeln umschlingen. Seit Jahrhunderten entstehen auf diese Art und Weise Brücken, die sich selbst reparieren und mit der Zeit immer stabiler werden.

Wurzeln schlagen:

Woher komme ich? Wo will ich bleiben? Aus welchem Grund? Was festigt und nährt mich? Was beheimatet mich in der Tiefe?

Dorothy Day

Dorothy Day
(1897–1980)
US-amerik. christl.
Sozialistin,
Journalistin,
Frauenrechtlerin,
Pazifistin, Gründerin der
»Catholic-Worker-Bewegung«
und der Zeitung »Catholic
Worker«

Du bist eine, die tief gräbt. Und noch dazu weit geht. Das Leben hat dich aber auch in dunkle Tiefen geworfen, damals, im 19. Jahrhundert.

Der »Hungermarsch« in den harten Jahren der wirtschaftlichen Depression Amerikas prägt sich dir besonders ein. Arbeitslose aus allen Teilen des Landes machen sich auf den Weg nach Washington. Die zerlumpten Kolonnen fordern Sozialgesetze und Arbeitsplätze. In der Hauptstadt werden sie von schwer bewaffneten Polizeieinheiten empfangen. Die Kirchen halten sich zurück, und du merkst, dass du nicht länger auf andere warten kannst, wenn sich was ändern soll. Du wirst selbst aktiv.

Von nun an setzt du dich gegen jegliche Form von Ungerechtigkeit ein. Du gründest eine Zeitung. Du rufst im ganzen Land kleine Arbeitergemeinschaften ins Leben. Du gehst auf die Straße und ins Gefängnis. Zuletzt als hochbetagte Frau, weil du gegen den Vietnamkrieg demonstrierst. Nicht an Programme glaubst du, sondern an die Liebe. Das macht dich unzähmbar und relevant. Deine kleinen Schritte eröffnen Wege für viele.

Zur inneren Weggefährtin wird dir die Karmelitin Thérèse von Lisieux, die »den kleinen Weg der Liebe« lehrte und lebte. Sie glaubte daran, dass jeder noch so kleine liebevolle Moment einen Unterschied macht und die Welt verändert.

Als junge Frau durchlebst du nach einer unglücklichen Affäre eine Abtreibung. Als du Jahre später erneut schwanger wirst, freust du dich unbändig. Diesmal bekommst du das Kind. Der Vater deines Kindes aber verlässt dich. Was hält dich weiter am Leben? Du gibst nicht auf. Hoffst weiter. Liebst weiter. Und sehnst dich nach einer Nähe darüber hinaus.

Nach der Liebe eines Schöpfers. In der Natur wirst du fündig. Sie wird dir zum Vorgeschmack auf die ewige Umarmung, wie du sie nennst. Im Alter von 83 Jahren findet sie dich.

Ausgerechnet an deinem Todestag erblicke ich das Licht der Welt. Wie nah Leben und Sterben beieinanderliegen. Die eine Zeit und die andere. Wenn ich heutzutage von dir lese, erschrecke ich, wie sich unsere Zeiten ähneln. Aber sag, sollte ich deswegen verzweifeln?

Nein! Wenn du traurig gewesen bist, dann darüber, dass die Menschen »gegen die Kraft der Hoffnung gesündigt« haben. Noch in der dunkelsten Straße suchst du Hoffnung, riechst du den Duft frisch gebackener Brötchen, triffst du einen Menschen, den es zu lieben gilt. Findest Schönheit überall. Kein Wunder, dass deine Enkelin Jahre später über dich ein Buch schreibt, das sie »The World Will Be Saved By Beauty« nennt.

Ich suche deinen hoffnungsvollen Blick von damals auf meine Welt von heute. Deine Sicht auf die Kolonnen von Geflüchteten, auf das Kriegsgeschacher, unsere Gleichgültigkeit, Verzagtheit. Und auf unseren aufkommenden Mut. Ich setze mir deine Brille auf und lese in deinen Tagebüchern. Und dann schreibe ich in meine, bin ich wieder ganz bei mir. Denn das hättest du wohl gewollt. Dass jede und jeder bei sich selbst anfängt, anstatt andere zu Heiligen zu machen.

Den kleinen Weg der Liebe gehen:
Welcher ist mein nächster Schritt?
Wann gehe ich ihn?
Was hindert mich?

Zeiger-
PFLANZE

Einer Legende nach wurde das Schneeglöckchen von einem Engel erschaffen. Von dem, der Adam und Eva aus dem Paradies vertrieb. Es soll bitterkalter Winter gewesen sein. Eva glaubte nicht mehr daran, dass es irgendwann wieder Frühling werden würde. Daraufhin hauchte der Engel Schneeflocken auf die Erde, die sich dann in Schneeglöckchen verwandelten.

Da bist du jetzt, liebes Schneeglöckchen. Eine der Ersten, die sich traut, dem Frühling ihre Blüten entgegenzustrecken. Bereits im Februar lässt du dich blicken. Ungeduldig und neugierig. Zart und stark. Sogar Schnee bringst du zum Schmelzen. Keck schaust du dann aus der Erde.

Begrüßt die Lichtstrahlen, und sind es noch so wenige. Dein Lied klingt nach trotzigem Trost. Nach Hoffnung hochhalten. Nach alle Jahre wieder.

Liebes Glöckchen im Schnee, du darfst jederzeit bei mir läuten. Mir den kommenden Frühling zeigen. Ist das ja auch dein Zweitname: Zeigerpflanze des Vorfrühlings. Ach ja, eines hast du mir neulich schon gezeigt: dass Ameisen zu deiner Verbreitung beitragen, indem sie deinen Samen spazieren führen. Den Nährkörper fressen sie, den Samen lassen sie fallen. Seit ich das weiß, gehen sie mir nicht mehr so sehr auf den Zeiger. Freudenbotinnen sind sie in Wirklichkeit. So wie du.

Ich begriff: Wenn alle kleinen Blumen Rosen
sein wollten, so verlöre die Natur ihren
Frühlingsschmuck, und die Fluren wären
nicht mehr übersät mit kleinen Blümchen.

Thérèse von Lisieux (1873–1897)
frz. unbeschuhte Karmelitin,
genannt »kleine weiße Blume«

TAG- und NACHT- gleiche

Zweimal im Jahr sind Tag und Nacht gleich lang. Zum Herbstbeginn und zum Frühlingsbeginn. Letzterer fällt auf den 19., 20. oder 21. März. Dann feiern wir den Übergang zur helleren Jahreszeit. Die Tage werden wieder länger und die Luft wärmer. Samenkörner, die wir gesät haben, fangen an zu wurzeln. Und stecken nach und nach erste grüne Halme aus der Erde hinaus.

Auch das Samenkorn in uns beginnt zu sprießen. Auf dem Grund unserer Seele wächst Neues. Will ans Licht. Wird mehr und mehr sichtbar. Willkommen, Frühling!

Tischschmuck:
Wir arrangieren Blumen zu Tischsets und kleinen Stillleben. Wild wachsende Schneeglöckchen und Krokusse stehen allerdings unter Naturschutz. Deswegen nur im eigenen Garten pflücken oder käuflich erwerben.

MÄRZ
küsse

Es krokusst und es primelt
Im Garten und am Bach.
Ein Spatzenpaar verkrümelt
Sich selig unters Dach.

Nun wird sich alles wenden:
das Wetter und das Kleid.
Es duftet allerenden
nach Frühjahrsreinlichkeit.

Nun reimt sich westlich-östlich
so mancherlei auf »Lieb«,
sogar – und das ist tröstlich –
das kleine Wort: vergib!

Nun küsst der Wal die Walin,
die Nerzin küsst den Nerz,
ein Herr küsst die Gemahlin,
Kroküsse küsst der März.

James Krüss
(1926–1997)
dt. Dichter und Schriftsteller

EHRENTAG des Unkrauts

Vogelmiere

Der »Ehrentag des Unkrauts« am 28. März würdigt jedes Jahr jene Pflanzen, die wir nicht gezielt ausgesät haben und oft als störend empfinden. Pflanzen, die sich in einem Beet oder auf einem Rasen unplanmäßig verbreiten. So wie Brennnessel, Spitzwegerich, Vogelmiere, Löwenzahn und Giersch. Garten-Blogger in den USA riefen den Ehrentag einst ins Leben, um auf die Nützlichkeit von Unkraut aufmerksam zu machen.

Wie wäre es, heute eine Kräuterwanderung zu unternehmen? Gemeinsam finden wir mehr heraus über die verkannten Pflanzen. Welche wir essen können und welche heilende Wirkungen haben. Danach machen wir was draus: Giersch-Quiche, Spitzwegerichomelett oder Löwenzahnsalat? Und oh, wie lecker schmeckt Brennnesselkäse! Warum nur sprechen wir von Unkraut, wenn es um diese herrlich wilden Pflanzen geht ...

Löwenzahn

Giersch

Spitzwegerich

Brennnessel

Löwenzahnsalat

Junge, zarte Löwenzahnblätter und deren Blüten pflücken. Die ungenießbaren Stängel stehen lassen. Hunde-Wiesen, gedüngte Wiesen und solche in der Nähe von Industriegebieten und stark befahrenen Straßen meiden. Blätter und Blüten gründlich waschen. Einige Minuten in lauwarmes Wasser legen, um ihnen die Bitterkeit zu nehmen. Blätter in Streifen schneiden und nach Belieben mit anderer Rohkost kombinieren. Sauce mischen im Verhältnis aus 4 EL Olivenöl, 2 EL Weißweinessig, 1 TL Senf, 2 TL Honig, Salz und Pfeffer. Blüten als dekoratives Topping drüberstreuen. Fertig ist die herbe Köstlichkeit!

Palm SONNTAG

An Palmsonntag stellen Menschen seit jeher Zweige auf. Überall dort, wo sie sich Gutes erbitten. Auf ihren Äckern, in ihren Häusern, in den Kirchen.
Der Brauch speist sich aus heidnischen Fruchtbarkeitsriten. Und aus Begebenheiten zu Zeiten Jesu. Während des achttägigen Pessachfestes der Juden ritt er in Jerusalem ein. Nicht auf einem Pferd, nicht auf einem Streitwagen, sondern auf einer Eselin. Die Menschen sahen die alten Weissagungen über das Kommen ihres Königs in Erfüllung gehen. Die Eselin als Zeichen der Armut und der friedlichen Absichten. Begeistert legten sie Jesus Palmzweige zu Füßen. Palmen als Sinnbild fürs Leben und für alles, was einem heilig ist.
Palmsonntag zu Beginn der Karwoche schenkt auch uns heute die Gelegenheit, innezuhalten. Und uns zu besinnen: Was ist mir heilig? Für welchen Acker meines Lebens wünsche ich mir Frucht?

Haselstrauch

Buchsbaum

Stechpalme

Tanne

Weidenkätzchen

Wacholder

Zweige aufstellen:

Hierzulande werden – in Erinnerung an die Palmzweige – Buchsbaum, Tanne, Haselzweige, Stechpalmen, Wacholder oder Weidenkätzchen aufgestellt. Viele dieser Gewächse stehen unter Naturschutz und dürfen nur käuflich erworben oder im eigenen Garten beschnitten werden. Allerdings gilt, dass Hecken, Sträucher und Bäume vom 1. März bis 30. September nicht beschnitten werden dürfen, da sie Lebensraum heimischer Vögel, Fledermäuse und Insekten sind. Alternativ porträtieren wir die herrlichen Zweige lieber nur. Wir machen uns ein Bild von ihnen mit Kamera oder Pinsel, hängen uns die Bilder an die Wand und erinnern uns auf diese Weise an den alten Brauch.

Bevor Jesus in den Garten Gethsemane aufbricht und sich seinen dunkelsten Stunden stellt. Wasser, Blut und Tränen schwitzt und bittet, dieser Kelch möge an ihm vorübergehen. Um dann doch seinen Willen in den Willen eines Größeren zu legen. Um im nächsten Moment mit einem Kuss verraten zu werden von einem, der mit ihm am Tisch gesessen hatte. Bevor der Kummer von Karfreitag dann seinen Lauf nimmt, er sich die Warum-Frage stellt und der Neuanfang noch auf sich warten lässt: Platz nehmen. Mit Freund*innen. Abendessen. Gründonnerstag.

grün
DONNERSTAG

Mitten im Leben halten wir einander die Tür auf. Setzen uns an eine lange Tafel. Teilen Zeit und Essen. Reichen Brot weiter und Kräuter dazu, die heilen. Grün, wie die Hoffnung. Schenken Wasser nach gegen den Durst, heute auch Wein, den guten, zur Feier des Tages. Weil es das letzte Mahl sein könnte.

Kommt, nehmt noch nach, bevor es Nacht wird. Lasst uns noch einmal die alten Geschichten erzählen von unserem gemeinsamen Weg. Und auch von den Umwegen. Wie wir bis hierher gekommen sind. Noch einmal einander vergewissern, unserer Liebe und dass wir am Leben sind. Bevor wir dann auseinandergehen müssen. Um dann morgen, übermorgen, nächste Woche — wo auch immer wir sein werden und welches Kreuz wir dann zu tragen haben — das eine zu wissen: Wir sind verbunden, über alle Zeiten und Grenzen hinweg, Menschen. Du und ich. Eine Welt. Familie.

Tischgemeinschaft feiern:

In christlichen Kirchen wird an Gründonnerstag das Abendmahl gefeiert. Manche sprechen auch von einem Liebesmahl. Wir laden zum Essen ein, heißen einander willkommen und feiern die Liebe, die alle an den einen Tisch bittet.

Karfreitag kommt von »Kara« wie
Klage, Trauer und Kummer. Die kargen
Bäume erinnern ans Kreuz Jesu. An seine
offenen Arme zwischen Himmel und Erde.
Und an alles, was uns heute zerreißt.
»Gekreuzigt, begraben,
hinabgestiegen in das Reich
des Todes.«

✕✕✕✕✕✕✕✕✕✕✕✕✕✕✕✕✕✕✕✕✕✕✕✕✕✕

Stille werden:

Karfreitag ist ein stiller Tag.
Selbst die Kirchenglocken schweigen.
Wie kann ich leise werden,
und was wird dann laut?
Was zerreißt mich,
und wer verbindet mich?
Was will vergeben werden?

Make bread, not war:

In allen drei abrahamitischen Religonen hat das Brot eine heilige und verbindende Bedeutung. Bethlehem, der Geburtsort Jesu, heißt übersetzt »Haus des Brotes«. Und doch ist unsere Welt so zerklüftet wie nie und Bethlehem einer ihrer zerrissensten Orte. Die bulgarische Kulturanthropologin Dr. Nadezhda Savova-Grigorova hat deswegen eine schöne Idee entwickelt:

Einmal im Monat lädt sie in ihrer Bio-Bäckerei in Sofia zum Nachbarschaftsbacken ein. Jedes Treffen hat ein Thema. Ihr Ziel ist es, durch das gemeinsame Backen die Welt zu verändern und Frieden und Verständigung zu fördern. »Make bread, not war!«, ist ihr Credo. Mittlerweile gibt es die sogenannten Brothäuser nach ihrem Konzept in 20 Ländern auf fünf Kontinenten.

kar SAMSTAG

Karsamstag fühlt sich an wie zwischen den Zeiten. Nicht mehr Karfreitag, noch nicht Ostern. Schon aufgebrochen, noch nicht angekommen. Warten. Ein Dazwischen-Tag. Weil heute die Fastenzeit zu Ende geht, bereiten wir österliche Hefebrote für morgen vor. Gemeinsam mit Familie, Freund*innen und der Nachbarschaft. Mit Jung und Alt stehen wir an unserem langen Küchentisch.

es mit der in lauwarmer Milch aufgelösten Hefe. Wir geben lauwarme Butter und ein wenig Salz und Zucker dazu. Wir vermengen die Zutaten, verbinden alles zu einem großen Ganzen und kneten, kneten, kneten. Jetzt braucht der Teig Ruhe. Und wir auch. Wir decken ihn vorsichtig zu, stellen ihn an einen warmen Ort und lassen ihn gehen. Und wir? Reichen einander die Jacken und gehen auch. Nehmen uns ein Stündchen Zeit für einen Spaziergang durch die erwachende Natur.

Wir bestäuben die Tischplatte mit Mehl und entdecken, dass man darin malen kann. Einfach mit den Fingern, ganz ohne Farbe. Wir geben uns ein Thema: Kara wie Karfreitag, wie gestern. Kara auch wie Kummer. Wir fangen an zu erzählen. Versuchen eine Spur. Weniger mit Worten, eher still, mit Bildern. Dann schieben wir das Mehl in der Mitte des Tisches zusammen und vermengen

Zutaten für das Hefegebäck:

300 g lauwarme Milch,
50 g zerlassene lauwarme Butter,
20 g frische Hefe (1/2 Würfel),
60 g Zucker, 550 g Mehl, 1/4 TL Salz,
1 verquirltes Ei, Nüsse und Rosinen

Als wir zurückkommen, ist der Teig groß, und das Staunen auch. Was Zeit bekam, ist gewachsen. Worauf wir gehofft haben, ist aufgegangen. So sehr, dass es für alle reicht. Wir teilen den Teig untereinander auf. Für einen Moment lassen wir die Stücke noch mal liegen, damit sie ein weiteres Mal gehen können.

Dann formen wir Bilder und verzieren sie mit Nüssen und Rosinen. Wir kommen von Hölzken auf Stöcksken, von Lämmern auf Lieblingstiere, von Hasen auf Hoffnung, von Nestgeruch auf Neuanfang. Und von einem Gefühl der Leere in eine Stimmung der Vorfreude.

Wir legen unsere Kunstwerke auf mit Backpapier ausgelegte Bleche, lassen sie nochmals eine halbe Stunde gehen. Dann pinseln wir sie mit verquirltem Ei ein und vertrauen sie für ungefähr 20 Minuten dem auf 200°C (Ober-/Unterhitze) vorgeheizten Ofen an. Nach und nach durchzieht der Duft von Frischgebackenem das Haus, bis auch der letzte Winkel angefüllt ist davon. Das riecht nach Familie, nach Kindheit, nach früher. Aber auch nach hier und heute. Und nach morgen, nach Aufgewecktwerden, nach »Fasten ist vorbei« und »Frühstück ist fertig!«: Ostern!

oster NACHT

Es ist dunkel, immer noch tiefe Nacht. Du wälzt dich hin und her. Spät hast du ihn gestern verlassen, als Letzte von allen. Als Erste möchtest du ihn heute wiedersehen, noch vor den anderen, ein letztes Mal, um dich von ihm zu verabschieden.

Mit dem Morgengrauen stehst du auf, schleichst dich aus dem Haus, machst dich auf den Weg durch die engen Gassen, die Stadt noch wie im Schlaf versunken. Hinter den Fenstern ist es dunkel und still. Deine Schritte hallen wider. Noch lauter klopft dein Herz.

Diesmal wird es das letzte Mal sein. Du wirst langsamer, atmest tief durch. Weiter geht's, denkst du dir, und reißt dich für die letzten Meter zusammen.

Eine Annäherung an die Berichte über Maria Magdalena aus Johannes 20, 1-18.

Als du das Gräberfeld erreichst, merkst du schon von Weitem, dass irgendetwas anders ist. Langsam näherst du dich der Stelle, wo du seinen Leichnam gestern noch vorgefunden hast, und dann entdeckst du es: Die Felsplatte, die vor dem Grab gewesen ist, ist nicht mehr an ihrem Platz. Sie liegt auf dem Boden. Wie kann das sein?

Vorsichtig gehst du zum Eingang, wagst einen Blick hinein: Er ist … weg. Der Raum ist leer. Dabei hast du ihn doch vor nur wenigen Stunden genau hier an dieser Stelle noch gesehen. Hinter dir knackt es. Du hältst den Atem an, drehst dich um. Was war das? Ist da jemand?

Aber nein. Hier bist nur du. Und der Nebel, der in der Morgendämmerung aufsteigt. Nur du allein, an diesem stillen Ort. Angst überkommt dich, du drehst dich um, gehst weg, rennst los — weg, nur weg von hier, hin zu denen, die immer mit ihm gewesen sind, wie du. Das musst du ihnen erzählen.

Du stolperst, fängst dich wieder, rennst weiter, die kurze Nacht noch in den Knochen, ein Stechen in der Seite, deine Beine schwerer und schwerer, aber das Haus endlich vor Augen. Dort, wo sich seine Freunde seit seinem Tod eingeschlossen haben.

L| E|E| R| !|

Du klopfst, klopfst noch mal, lauter, rufst. Endlich erkennt jemand deine Stimme und macht dir auf.

Noch auf der Türschwelle erzählst du, was du gesehen hast. Oder vielmehr was nicht. Dass man ihn aus dem Grab geholt haben muss. Und dass du nicht weißt, wo man ihn hingebracht hat. Mittlerweile sind alle deine Freunde bei dir und stellen Fragen, rufen aufgeregt durcheinander. Aber viel mehr weißt du ja auch nicht.

Also beschließen sie, selbst nachzuschauen beim Grab. Und auch du weißt jetzt nichts anderes zu tun, als noch einmal zurückzukehren. Obwohl du das leere Grab ja schon gesehen hast. Wieder gehst du den Weg, kannst es nicht fassen.

Fragend steht ihr in der leeren Grabhöhle. Wie kann das sein?

Als deine Freunde wieder fort sind und es still geworden ist, stehst du immer noch hier, suchst ihn ab, diesen Ort, suchst den Gekreuzigten, zwischen den Welten, in dieser Leere. Noch nie hast du so schlimm vermisst. Seine Worte am Kreuz sind nun auch deine am Grab:

»Mein Gott, warum hast du mich verlassen?«

Leise fängst du an zu weinen. Träne für Träne, aus tiefstem Grund. Es ist, als führten deine Tränen dich nach innen. Noch einmal hinein in diesen dunklen großen Raum. Hinein ins Nichts. Und da: Durch deine Tränen hindurch erblickst du zwei Gestalten. Woher sie kommen? Ob es Wärter sind? Sie leuchten, warm, freundlich. Nein, das sind keine Wärter, und doch scheint es, als wachten sie über etwas. Einer dort, wo sein Kopf gelegen hatte, einer zu seinen Füßen. Sie schauen dich an:

»Warum weinst du?«

Und du antwortest: »Weil sie meinen Herrn weggenommen haben und ich nicht weiß, wo sie ihn hingelegt haben.«

Noch während du ins Grab hineinsprichst, hörst du etwas hinter dir. Ein Geräusch. Dann deutlicher: Schritte. Du drehst dich um, siehst jemanden kommen, kannst ihn nicht richtig erkennen, die Morgensonne blendet.

Da hörst du die Worte noch einmal, nun von vorne: »Liebe Frau, was weinst du? Wen suchst du?«

Du denkst, es ist der Gärtner, und antwortest traurig: »Wenn du ihn weggetragen hast, so sage mir, wo du ihn hingelegt hast! Und ich werde ihn holen.«

An ihm vorbei willst du weitersuchen, den ganzen Ort nach dem Toten absuchen. Da hörst du, wie er dir hinterherruft:

»Maria!«

Du wirst langsamer, bleibst stehen, erinnerst dich an seine Stimme, erkennst seine Art, deinen Namen zu betonen. Ihn. Aber kann das sein? Das Kreuz, das Grab, und jetzt an dieser Stelle, steht er leibhaftig vor dir? Du drehst dich um, und tatsächlich, er ist es:

»Meister!«

Er ist hier? Von wegen Gärtner. Oder doch. Er hat dein Leben zum Blühen gebracht. Dir das Paradies aufgeschlossen. Und du? Bist an ihm vorbeigelaufen. Gerade eben. Verfehlt hast du ihn. Und ihm gefehlt. Umgedreht hat er sich, nach dir. Dir hinterhergerufen. Und dann du. Nach ihm. Einander habt ihr euch beim Namen gerufen. Hier und jetzt und in diesem Augenblick wendet sich etwas. Vor diesem Grab wendet ihr euch.

Und dann: Du willst ihn festhalten,
diesen Moment. Und ihn.
Und er? Lässt dich los. Schickt dich
zurück, schickt dich weiter. Zu denen,
die sich eingegraben haben, in ihren Häusern, vor lauter Angst. Ihnen
sollst du vom Leben erzählen. Und du?
Machst dich wieder auf den Weg.
Aufgesucht und gefunden,
bei deinem Namen gerufen,
so kannst du gehen.
Aus einer
langen Nacht,
hinein in einen
neuen Morgen.

Dem Geheimnis nachgehen:

Am Ostermorgen dem Geheimnis des
Lebens nachgehen. Einander davon
erzählen.

Eier verschönern:

Wir pusten Eier aus, machen sie
osterfein, hängen sie an Zweige
oder verstecken sie. Anschließend
gibt's Pfannkuchen. Oder lieber
Rührei?

OSTER morgen

In vielen Kulturen steht das Ei für die Fruchtbarkeit, weil es das ganze Leben in sich trägt. Es will nur noch ausgebrütet werden.

In der christlichen Tradition erinnert das Ei an das Grab Jesu. Und dass am Ostermorgen der Grabstein dem Leben Platz machte. So wie eine Eierschale das Küken durchlässt, das ans Licht will. So wie der Frühling dem Winter folgt. Und ein neuer Morgen der dunklen Nacht. Möglicherweise hat das Wort Ostern sogar darin seinen Ursprung und stammt von dem althochdeutschen Wort »eostarun« ab: Sonnenaufgang.

Auch deswegen lieben wir Ostereier. Und wir malen, verstecken, suchen und finden, was das Zeug hält. Mit allen Farben und Materialien, die uns das Leben schenkt.

Acrylfarbe, Sprayfarbe, Marker, Pinsel, Wasser, leere Eier

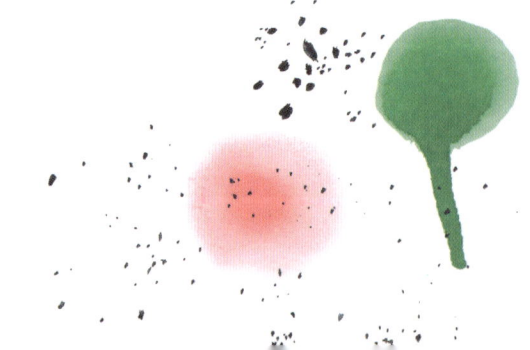

Walze, Farn, Linolfarbe, marmoriertes Ei

Marmorierfarbe, Wasserbad, Holzspieß, leeres Ei

Bei Tieren verweilen:

Eine Schafherde. Ich halte an.
Setze mich dazu. Schaue ihnen
nach. Und höre.
Was sie in Gang setzen in mir.
Ich mache Notizen und Fotos.
Ein Weg entsteht.
Ich gehe weiter.

WeideGANG

Ich wollte nur
einen Spaziergang machen
und beschloss schließlich,
bis zum Sonnenuntergang zu bleiben,
denn ich entdeckte,
dass ich beim Hinausgehen
eigentlich nach innen ging.

John Muir (1838–1914)
schott.-US-amerik. Naturphilosoph,
Autodidakt

Eines fehlt.
Alle warten.

Und du?

Auge in Auge.
Halten wir die Zeit an.

Verheddert.
Und gefunden.

Drei sind
keiner zu viel.

Seite an Seite.
Ist immer genug da.

Zusammen.
Bleiben.

META
morphose

Bevor sich ein Schmetterling farbenfroh in die Lüfte erhebt, durchlebt er verschiedene Entwicklungsphasen: vom Ei zur Raupe, dann zur Puppe und schließlich zum Falter. Wie lange diese dauern, ist von Art zu Art unterschiedlich. Außerdem ist es abhängig von den äußeren Bedingungen wie dem Licht und der Temperatur.

Seine Eier legt ein Schmetterling immer auf Blättern ab, von denen sich die aus dem Ei geschlüpften Raupen später ernähren können. Weil die Raupe vom vielen Essen schnell größer wird, muss sie sich etwa sechsmal häuten. Dann hört sie auf zu essen und verpuppt sich. Verborgen im Kokon durchlebt sie ihre letzte Wandlungsphase, um schließlich als Schmetterling zu schlüpfen. Der frisch geschlüpfte Falter braucht bis zu zwei Stunden, um zu trocknen und im neuen Lebensabschnitt anzukommen.

Dann endlich erhebt er sich zu seinem ersten Flug.

Wandlung wagen:

In welchem Bereich meines Lebens wünsche ich mir Wandlung? In welcher Phase befinde ich mich gerade? Wofür brauche ich Geduld? Welcher Kokon bietet mir Schutz?

weit draußen in der Tiefe

unterwegs →

alles überwinden

Hoffnungsträger

Leben durch Sterben

Manchmal stehen wir auf
Stehen wir zur Auferstehung auf
Mitten am Tage

Marie Luise Kaschnitz (1901–1974)
dt. Schriftstellerin

Blüten betrachten:

»Hanami« ist Japanisch und bedeutet »Blüten betrachten«.
Mit gleichnamigem Kirschblütenfest wird das Ende des
Winters gefeiert. »Shang Mei« heißt das Fest in China
und »Beotkkot Chukje« in Korea. Ich lasse mich davon
inspirieren zu einem allmorgendlichen Ritual: Blüten
betrachten beim Spaziergang durch die Natur.

blüte ZEIT

Morgens früh. Die Nacht ist gerade erst vorbei. Der Tag noch nicht da. Ich schwinge mich auf mein Fahrrad und radle aus der Stadt raus. Den Schlaf noch in den Gliedern, atme ich frische Luft ein, trete in die Pedale, spüre erste Kräfte, komme in Fahrt.

Zwischen Feld, Wald und Wiesen steige ich ab und gehe zu Fuß weiter. Eine Schneckenfamilie quert gemächlich meinen Weg. Ein Eichhörnchen flitzt den Baumstamm hoch. Hinauf Richtung Baumkrone, in der erste Vögel zwitschern. Morgenlicht blinzelt mir zwischen den Zweigen entgegen. Ich entdecke, wie unterschiedlich weit die Knospen und Blüten sind. Manche noch verschlossen, andere schon ganz aufgeweckt.

»Blüten betrachten« – das japanische Wort dafür ist »Hanami«. Das gleichnamige Kirschblütenfest wird in Japan zum Ende jeden Winters gefeiert. Mit Picknicken unter blühenden Zierkirschen. Ich versuche mich am Ende der Nacht in Hanami. Jeden Morgen neu, auf meine Weise. Sämtliche Knospen und Blüten sind mir willkommen, laden mich ein, sie zu betrachten. Wie viel es sie wohl kostet, sich zu zeigen? Nach so langer Zeit im Schutz der Dunkelheit endlich das Licht der Welt zu erblicken? Farbe zu bekennen. Grün, weiß, hellgelb, zartrosa. Sich auszusetzen. Jeder Witterung.

Was braucht es, um diese erste Schwelle zu überwinden? Ist es langwierig wie bei Wehen? Oder leicht, wie das Anstupsen einer angelehnten Tür? Oder ein plötzliches Platzen vor Freude? Ein Gar-nicht-anders-Können? Oder von allem etwas?

An der Schwelle zu einem neuen Tag denke ich nach, was war und was werden will. Eine gute Stunde lang betrachte ich den Rhythmus der Natur um mich herum und suche im Gehen meinen eigenen. Werde offen. Strecke mich aus. Traue mich. Zu empfangen. Und mich zu zeigen. Auf ein Neues.

Grün
ist das erste Geheimnis,
In das die Natur dich weiht

Ludwig Tieck (1773–1853)
dt. Schriftsteller

Wüsste ich genau, wie dies Blatt
aus seinen Zweigen kam,
schwieg ich auf ewige Zeit still.
Denn ich wüsste genug.

Hugo von Hofmannsthal (1874–1929)
österr. Schriftsteller

Ahme den Gang der Natur nach.
Ihr Geheimnis
ist Geduld.

Ralph Waldo Emerson (1803–1882)
US-amerik. Philosoph, Schriftsteller

Ich möchte nah
an deinem Herzen lauschen,
Mit deiner fernsten Nähe mich vertauschen.

Else Lasker-Schüler (1869–1945)
dt. jüd. Schriftstellerin

tanz in den mai

In den Mai wird traditionell hineingetanzt. Immer am Vorabend und oft unter Bäumen, die mit langen Bändern geschmückt werden. Auch die Blütenfeste werden im Mai gefeiert. Denn jetzt fangen die Obstbäume an, sich in ihrer ganzen Pracht zu zeigen.

Mit ihren Farben, ihrem Duft und dem Nektar locken die Blüten Insekten an. Gerne kehren Insekten mehrmals zur selben oder einer artverwandten Blüte zurück. Sie merken sich, wie diese aussieht und wie sie duftet. Die fleißigsten Blütenbestäuber sind Hummeln und Wildbienen. An ihren Hinterbeinen sammeln sie den Staub. Und lassen überall, wo sie landen, etwas davon fallen. Ohne sie gäbe es keine neuen Früchte, und wir Menschen hätten nichts zu essen.

Ihre Bestände haben sich in den letzten Jahrzehnten drastisch verkleinert. Die Gründe dafür sind der Einsatz von Pestiziden, die Versiegelung von Böden und die Bereinigung der Landschaft und der Gärten. Deswegen zählt jeder bepflanzte Balkon, jeder blühende Standstreifen, jeder kunterbunte Park, der Insekten als Nahrungsquelle dient. Besonders gerne mögen Bienen Buchweizen, Borretsch, Kapuzinerkresse, Katzenminze, Klee, Kornblumen, Malven, Phazelie, Ringelblumen, Sonnenblumen und Winterheide. Wir sammeln deren Samen und heben sie für die Aussaat im nächsten Jahr auf.

Übrigens: Haben die Kundschafterinnen der Honigbienen eine Futterquelle gefunden, teilen sie dies den wartenden Sammlerinnen durch Tänze mit. Befindet sich die Futterquelle in der näheren Stockumgebung, tanzen die Honigbienen den Rundtanz. Für entfernter liegende Quellen verwenden die Bienen den Schwänzeltanz. Die Tänze beinhalten Informationen zum Ort und zur Art der Futterquelle und sind umso ausdrucksvoller, je mehr Nahrung zu finden ist.

Lassen wir uns anstecken von den Honigbienen und tanzen wir durch den Mai. Und tun wir etwas für sie, sodass ihr Tanz kein Ende nimmt!

Rundtanz

Schwänzeltanz

Weltbienentag:

Am 20. Mai ist Weltbienentag. Weil an diesem Tag im Jahr 1734 Anton Janša geboren wurde. Er war ein slowenischer Hofimker-meister von Maria Theresia in Wien, Rektor der weltweit ersten modernen Imkerei-Schule und Verfasser zahlreicher Bücher über Bienenzucht und Imkerei.

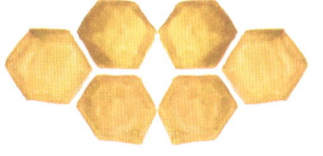

ICH habe gelernt, dass man NIE zu KLEIN ist ... einen Unterschied zu machen. Wir ... indem wir uns an die Spielre... ..., müssen sich ... ..ern, und zwar HEUTE. Ich m... ... meine Zukun... ... dass ... Ich will, dass i... ... jeden Tag sp... ...delt, als Einig... ...BRENNT. E... ... einige ... welchen ... Und ... hier

Greta Thunberg (*2003)
schwed. Klimaaktivistin,
die die »Fridays for Future«-
Bewegung ins Leben gerufen hat

greta
Thunberg

Du gehst mir nicht mehr aus dem Kopf, Greta. Wie du vor den Großen dieser Welt stehst. Vor all den Amtsträgern mit ihren Anzügen und Krawatten. Und dann du mit deinem karierten Hemd. Ungeschminkt. Wie du dir das zu groß eingestellte Mikrofon ranholst. Auf dem Pult dein Zettel, wie bei einem Referat in der Schule. Und die Großen wie Schüler in der Schulbank, denen du dein Anliegen vorträgst: den Schutz unserer Erde. Du sagst, was du denkst. Erinnerst, weinst, bittest, bedankst dich, gehst.

Meine Patentochter trägt deinen Namen, wie viele Kinder ihres Alters. Meine Kinder gehen auf deine Demonstrationen. Wie Millionen anderer Kinder aus über 150 verschiedenen Ländern auch. Gemeinsam tanzt ihr aus der Reihe, auf den Straßen dieser Welt. Holt die Schule ins Leben zurück. Bringt den Großen das Abc bei. »Tanzt, tanzt, sonst sind wir verloren!«, sagte die Primaballerina Pina Bausch einmal. Ich denke bei diesen Worten an dich, Greta. Und an deine vielen Freund*innen.

Und an uns. Wie ihr uns herausfordert. Auffordert, tanzen zu gehen, aus der Reihe. Immer freitags, aber eigentlich immer. Auch heute. Ihr fordert uns auf, noch mal von vorne zu beginnen. Noch mal zur Schule zu gehen. Selbst im Stolpern. Selbst im Unperfekten. Gerade dann. Weiterzugehen. Dazuzulernen. Auf den Straßen unserer Realität. Diesmal nicht um der Noten willen. Diesmal um des Lebens willen.

Aus der Reihe tanzen:

Was treibt mich um? Wofür gehe ich auf die Straße? Welche Veränderungen bringe ich voran?

selbstpflück ▸

Carpe diem –
pflücke den Tag!

Horaz (65 v. Chr. – 8 v. Chr.)
röm. Dichter

Pflück das GLÜCK

Natürlich kann man Erdbeeren auch im Supermarkt kaufen. Wir mögen es aber lieber, sie selbst zu pflücken. Auf dem Boden zu hocken, Beere für Beere in die Hand zu nehmen. Tasten, schauen, probieren: Ist die schon reif? Oder lieber die? Dabei die Zeit vergessen, nach und nach Körbe füllen, auswiegen und zu Hause was draus machen. Was gibt's in deiner Gegend zu pflücken? Was ist schon reif? Meine Freundin Mela sagt immer: »Das Pflücken ist eine Lebenskunst. Reif ist etwas, wenn es sich locker löst. Wenn es dir beinahe in den Schoß fällt.«

Erdbeeren gehören zur Familie der Rosengewächse und werden als Sammelnussfrüchte bezeichnet, wegen der Nüsschen auf ihrem Fruchtfleisch. Vögel, Igel, Füchse und Dachse naschen genau so gern von ihnen wie wir. Anschließend scheiden die Tiere die Nüsschen wieder aus. Damit tragen sie zur Verbreitung der Erdbeere bei.

Erdbeere

Erdbeeren selbst pflücken:

Beim Pflücken im Wald und auf dem Feld entdecken wir, dass keine Erdbeere wie die andere ist. Sie unterscheiden sich in Farbe, Reife, Form, Duft und Größe. Walderdbeeren kommen klitzeklein daher. Wie viele kriegst du auf einen Zahnstocher? Kultivierte Erdbeeren vom Feld können sehr groß werden. Wie viel wohl eine Erdbeere wiegt? Wie viel eine Handvoll? Wie viel mein Korb? Wie viel wiegt deiner? Und alle Körbe zusammen? Komm, wir raten um die Wette! Bei der Waage am Erdbeerstand gibt's dann die Auflösung.

Am liebsten verspeisen wir Erdbeeren frisch von der Hand weg. Weil aber jede*r irgendwann einmal satt ist, verarbeiten wir den Rest zu lauter Köstlichkeiten. Dabei entdecken wir, was für ein Tausendsassa diese rote Frucht ist.

Sie steht übrigens schon seit der Steinzeit auf dem menschlichen Speiseplan. Damals noch als Waldgewächs. Um 1800 kamen die Chile-Erdbeere und die Scharlach-Erdbeere aus Amerika nach Europa. Aus deren Kreuzung entand in der Bretagne die großfruchtige Gartenerdbeere, von der die meisten heute kultivierten Sorten abstammen.

Pflücken im Leben:

Was fühlt sich in meinem Leben reif an? Was braucht noch Zeit? Hält mich etwas vom Pflücken ab? Sind meine Taschen groß genug?

So duftig, so schön
von Farb' und Gestalt,
Die herrlichste Frucht
    im ganzen Wald!
O könnt' ich sie pflücken
    An jedem Ort
ich würde mich bücken
    In einem fort!

Hoffmann von Fallersleben
(1798–1874)
dt. Dichter

so schmeckt

1 kg Erdbeeren
(oder 800 g Erdbeeren und 200 g Rhabarber)
1 Bio-Zitrone
500 g Gelierzucker (2:1)

Erdbeeren kalt waschen, entstielen und in kleine Stücke schneiden oder pürieren. Den Rharbarber waschen, schälen, in kleine Stücke schneiden.
Zitrone heiß waschen, abtrocknen und Schale fein abreiben. Zitrone halbieren und auspressen. Zusammen mit den Früchten und dem Gelierzucker in einem Kochtopf vermengen und 3 Stunden ruhen lassen.
Fruchtmasse unter Rühren zum Kochen bringen und ca. 3 Minuten sprudelnd kochen

das Glück

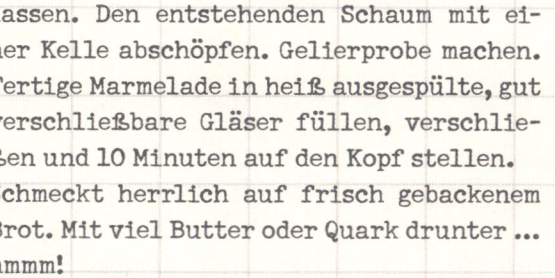

lassen. Den entstehenden Schaum mit einer Kelle abschöpfen. Gelierprobe machen. Fertige Marmelade in heiß ausgespülte, gut verschließbare Gläser füllen, verschließen und 10 Minuten auf den Kopf stellen. Schmeckt herrlich auf frisch gebackenem Brot. Mit viel Butter oder Quark drunter ... hmmm!

Variante: Statt einer Bio-Zitrone mit einer Handvoll Holunderblüten aromatisieren. Dazu die Holunderblüten vorsichtig schütteln und abknipsen, mit der Fruchtmischung und dem Gelierzucker mischen und ebenfalls ruhen lassen. Weiter wie oben.

mund ART

Erbel
(Schwaben, Darmst. a. Eifel)

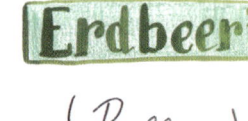
Erdbeeri
(Bern)

elber
(Aachen)

Ihrbär
(Mecklenburg)

Ardbeere
(Unterweser)

Eerbier
(Mecklenburg)

Knickbeere
(Erzgebirge)

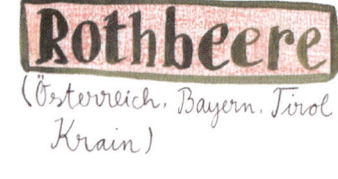
Rothbeere
(Österreich, Bayern, Tirol, Krain)

rote Besinge
(Mark Brandenburg)

Erdbiere
(mittelhochdeutsch)

Handgemachtes verschenken:

Wir beschriften Etiketten und überlegen uns, wem wir mit unserer selbst gemachten Marmelade eine Freude bereiten können. Beim Verschenken kommen wir ins Gespräch mit unseren Freund*innen aus nah und fern. Und entdecken, dass die Erdbeere viele charmante Spitznamen hat. Mund-Art halt!

Büschierpern
(Siebenbürgen)

Alle Dinge
erscheinen uns
in einem besseren Licht,
wenn sie wie Geschenke
aussehen.

G. K. Chesterton (1874–1936)
engl. Schriftsteller

175 g Erdbeeren
250 ml Orangensaft
1/2 Orange, ausgepresst
100 g Banane
1 TL Honig
1 cm Ingwer

Erd
BEER
liebe

100 g Erdbeeren
200 g Kiwis
200 g Trauben
80 g Banane

225 g Erdbeeren
150 g Gurke
3 Stiele Minze, zerhackt
1 Tl Honig
1/2 Zitrone, ausgepresst
wahlweise mit
Babyspinat

Mit der Erdbeere wollen alle befreundet sein. Ob sie Gurke, Avocado, Limette, Orange oder Banane heißen. Gemeinsam werden aus ihnen beerenstarke Teams. Wir lieben es, mit verschiedenen Zutaten und Mengen zu experimentieren. Die Vielfalt macht's. Schön wird's mit handbeschriebenen Etiketten und bunten wiederverwertbaren Strohhalmen. Auf die Erdbeere! Und die Liebe!

200 g Erdbeeren
150 g Feige
200 g Skyr
15 g Agavendicksaft

200 g Erdbeeren
40 g Avocado
75 g Banane
1/2 Limette, ausgepresst
200 ml Milch
etwas Vanillemark
10 g Agavendicksaft

250 g Erdbeeren
200 g Banane
Crushed Ice

Am zweiten Sonntag im Mai ist Muttertag. Vatertag folgt an Himmelfahrt. Wir nutzen die Tage, um Briefe zu schreiben. An unsere Eltern und an unsere Kinder. Vielleicht auch an jemanden, der uns zu einem Vater, einer Mutter oder einem Kind geworden ist. Ob wir die Briefe abschicken, halten wir uns offen. Und vielleicht treffen wir uns ja auch und kommen direkt ins Gespräch miteinander. Über die Freuden und Fragen unseres Lebens.

Fragen rund um die Familie:

* Was bedeuten mir meine Eltern?
* Sind mir Menschen außerhalb meiner Kernfamilie zu Mutter oder Vater geworden? Wenn ja, wer?
* Wie bin ich als Mutter oder Vater? Und welchem Kind begegne ich wie?
* Wenn ich kinderlos bin: Gibt es jemanden, dem ich Mutter oder Vater sein könnte?

Fragen zum Briefeschreiben:

* Was wollte ich schon immer mal würdigen?
* Welche Frage will ich stellen?
* Was habe ich bislang vermisst?
* Was tut mir leid?
* Wofür möchte ich Danke sagen?
* Wozu könnte ich einladen?

Saus
&
Braus

Sonnensegel aufstellen:
Vier Birkenstämme weiß
anmalen, im Boden oder an
einem Geländer befestigen,
sodass ein Viereck entsteht.
Rundherum an den oberen
Enden der Stämme eine
Schnur spannen und ein
Tuch drüberlegen.

Beim Aufräumen finden wir hier und da noch Schokoladeneier. Dabei ist Ostern längst vorbei. Und Himmelfahrt auch – der Feiertag, der den meisten nur noch als Vatertag bekannt ist. Ursprünglich erinnert Himmelfahrt an Jesu Rückkehr in den Himmel. Feierlich zumute kann seinen Freund*innen damals aber kaum gewesen sein. Trotz Ostern und der 40 Tage, die sie anschließend miteinander verbrachten. An Himmelfahrt waren sie einmal mehr verlassen worden und hatten keine Ahnung, wie es weitergehen sollte. Alles war neu. Verunsichert zogen sie sich in ihre Häuser zurück. Zumal das Fest der Frühlingsernte nahte. Juden aus aller Welt, Römer, Araber und Ägypter strömten in die Stadt. Den Freund*innen Jesu wurde es zu bunt. Seine Festnahme und sein Tod waren noch nicht lange her. Sie hatten Angst, ihnen würde Ähnliches passieren. Sie blieben lieber zu Hause, verriegelten Fenster, Türen, Herzen. Aber dann hielt es die Türen irgendwann nicht mehr in ihren Angeln. Die Fenster rissen auf. Eine Brise wehte hinein. Ein guter Geist umgab sie. Frische Luft zum tief Durchatmen.

Lampions gestalten:

Weiße Lampions in verschiedenen Größen mit Graffiti-Spray ansprühen. Stoffe mit Batikfarbe einfärben. Verschieden große Bänder abschneiden und an die Lampions hängen. Mit dem restlichen Stoff Kissenbezüge nähen.

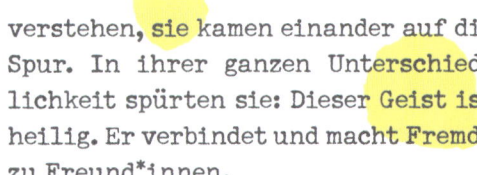

verstehen, sie kamen einander auf die Spur. In ihrer ganzen Unterschiedlichkeit spürten sie: Dieser Geist ist heilig. Er verbindet und macht Fremde zu Freund*innen.

So ging Pfingsten als das Geburtsfest jener Gemeinschaft in die Geschichte ein, die sich Kirche nennt.

Wir nutzen die freien Feiertage, um Balkon und Innenhof herzurichten, Tischdecken zu bedrucken, eine Torte zu backen, ausnahmsweise mit Buttercreme, und sie mit allen Kerzen, die wir finden können, zu schmücken. Wir besprühen Lampions mit Farbe, hängen sie in den Wind. Dann öffnen wir Fenster und Türen, um alle einzuladen, die uns über den Weg laufen.

Wohltuender Wind auf der Haut. Er wurde stärker, veranstaltete ein Saus und Braus. Mitten in ihrem Haus pustete er ihnen die Angst zum Fenster raus und holte sie selbst heraus, aus ihrem Versteck, wehte sie hinaus auf die Straße. Mitten hinein ins Leben.

Wie Feuer sollen sie daraufhin gebrannt haben. Leidenschaftlich von der Liebe geredet haben, die sie in all den letzten Monaten erlebt hatten. Liebe, die sich austeilt wie ein Samenkorn. Die im Fallen Grund findet. Die von der tiefsten Tiefe bis in den Himmel reicht, wie ein Baum über sich hinauswächst, jeden Vogel und jedes Wetter willkommen heißt.

Und alle rundrum bekamen Lust auf so ein Miteinander. Sie waren das Nebeneinanderher gründlich leid, fingen an zuzuhören, ließen einander ausreden, lernten die Sprache des anderen zu

Und dann? Feiern wir miteinander Geburtstag. Stoßen auf unser aller Leben an. Teilen, was uns begeistert, wofür wir brennen. Spüren den Wind, der uns alle umgibt. Manchmal kaum merklich und dann wieder wie eine große Bewegung.

Wir mittendrin.

Den Wind spüren:

Wie fühlt sich Wind an? Ich
probiere es aus, gehe raus, stelle
mich hinein, und ich halte einen
nassen Finger in die Luft. Von wo
kommt der Wind? Und wo geht er
hin? Ich schließe die Augen und
spitze meine Ohren. Höre, wie der
Wind durch die Bäume raschelt.
Die Straße entlangfegt. Aus einem
See Wellen macht. Wie er stürmt,
wie er säuselt. Mal als Gegenwind,
mal als Rückenwind. Ich lasse
mich treiben und durchpusten. Ich
atme ein und aus und ein und aus.
Was will er mir erzählen?

Mit meinen höheren Flügeln
umfliege ich den Erdkreis.
Ich zünde hin über die
Schönheiten der Fluren.
Ich leuchte in den Gewässern
und brenne in Sonne,
Mond und Sternen.
Mit jedem Lufthauch
wie mit unsichtbarem Leben,
das alles enthält,
erwecke ich alles zum Leben.
So ruhe ich in aller Wirklichkeit
verborgen als feurige Kraft.
Alles brennt so durch mich,
wie der Atem den Menschen
unablässig bewegt,
gleich der windbewegten
Flamme im Feuer.

Hildegard von Bingen (1098–1179)
dt. Mystikerin, Benediktinerin,
Äbtissin, Dichterin, Komponistin

Wandschmuck:

Wir hängen Wortschnipsel, Blumen,
Vasen und Töpfe mit Wäscheklammern,
Architektenklammern oder Draht an
eine Kordel. Diese befestigen wir an
der Wand oder spannen sie quer durch
den Raum. Manche der Sachen befestigen wir mit Washi-Tape direkt an der
Wand. Der Mix macht's!

Ihren süßen Duft entfaltet die Pfingstrose mit zunehmender Wärme im Laufe des Tages. Ihre Blütenblätter schmecken in Tee, Limonade oder Salaten, und ihre Wurzel hat heilende Kräfte. So steckt in ihrem Namen »Päonie« auch das Wort Medizin.

In der griechischen Mythologie ist überliefert, dass die römische Gottheit Virbios durch eine Pfingstrose zum Leben erweckt wurde. In China symbolisiert die Pfingstrose Frieden und Fruchtbarkeit und wird als Königin der Blumen geehrt.

Dem Brauchtum nach will sie zweierlei sagen: »Was dich bewegt, bewegt auch mich.« Und: »Auch wenn du schweigst, kann ich dich hören.« In der christlichen Tradition wird die »Rose ohne Dornen« auch Marienblume genannt und steht für mütterliche Liebe und Geborgenheit. Umso lieber umgeben wir uns mit diesen herrlichen Blumen ... und verschenken sie von Herzen gerne weiter!

Linde

Juni
Mittsommer

SOMMER sonnen WENDE

Mitte Juni erreicht die Sonne ihren höchsten Stand und eröffnet damit den Sommer. Wir erleben den längsten Tag und die kürzeste Nacht des Jahres. Besonders in Skandinavien wird deswegen an jährlich wechselnden Terminen die Mittsommernacht gefeiert. Und wir? Fangen mit dem Feiern schon nachmittags an. Mit einem gepflegten Tanztee unter der Linde nebenan im Park. Der süße Duft ihrer gelbgrünen Blüten hat uns herbeigelockt. Da sind wir nicht die Ersten. Schon lange vor uns ließen sich Menschen von Lindenbäumen locken. Bei den germanischen Stämmen waren sie beliebte Treffpunkte inmitten der Dörfer. Die Menschen versammelten sich unter ihnen, um Rat zu halten – aber auch zum Tanzen. Übrigens nicht zu Füßen des Baums, sondern in ihrer Krone. Zu diesem Anlass baute man dort eine kleine Bühne hinein. So wurden aus Lindenbäumen Friedens- und Freudenbäume. Wir machen mit. Begnügen uns vorerst aber mit einem Tisch unter der Linde. Nach und nach wird er zur Bühne für ein vergnügliches Tanztee-Miteinander. Bevor wir den Tisch decken, steigen wir hinauf, um für jeden von uns eine Handvoll Lindenblüten vom Baum zu pflücken. Hinein damit in Omas

Sammeltassen, heißes Wasser drüber, ziehen lassen – köstlich und obendrein gesund. Außerdem sollen die Blüten heilende Wirkung entfalten bei Fieber und Erkältung. Umso besser, finden wir, und trinken vorbeugenderweise noch einen Schluck.

Hier könnten wir verweilen und durchfeiern bis zum Johannistag am 24. Juni. Vielerorts wird die Sommersonnenwende mit ihren Bräuchen erst dann begangen. Einst hat die Kirche versucht, das Geburtsdatum von Johannes dem Täufer auf diesen Tag umzudeuten. Er soll ein halbes Jahr vor Jesus auf die Welt gekommen sein, um dem »Licht der Welt« den Weg zu bereiten. Da wären wir dann wieder beim Licht, bei der Sonne und bei den Tagen, die jetzt so lang sind wie nie. Also: Auf die Plätze, fertig, tanzen! Bevor die Tage wieder kürzer werden ...

Lindenblütentee

Blütenstand samt Hochblatt 1–3 Tage nach dem Aufblühen pflücken. 2 TL pro Tasse mit kochendem Wasser aufgießen. 5 Minuten ziehen lassen.

zu Besuch bei marie

Manche Gärten sind ein Gedicht.
Wie der Garten von unserer Freundin
Marie. Herrlich zum Faulenzen.
Und herrlich zum Sachenmachen:
Blumen pflücken und zeichnen,
Kränze binden beim Kaffeekränzchen,
Vasen und Tische verschönern,
in Salat, Rhabarber und Farben baden,
den Bienen nachschauen ... und ein
Lyrik-Büchlein von Novalis
wiederentdecken.

»Es färbte sich die Wiese grün
Und um die Hecken sah ich blühn,
Tagtäglich sah ich neue Kräuter,
Mild war die Luft, der Himmel heiter.
Ich wußte nicht, wie mir geschah,
Und wie das wurde, was ich sah.«

Fingerhut

»Und immer dunkler ward der Wald
Auch bunter Sänger Aufenthalt,
Es drang mir bald auf allen Wegen
Ihr Klang in süßen Duft entgegen.
Ich wußte nicht, wie mir geschah,
Und wie das wurde, was ich sah.«

Eisbergsalat   Kopfsalat   Lollo Rosso

Rhabarber

Im Garten baden:

Während wir durch den Garten streifen,
nehmen wir Düfte und Geräusche wahr.
Mit Pinsel und Tusche tauchen wir ein
in die Welt unendlicher Farben.

Frauenmantel

Jungfer im Grünen

Kornrade

Leberbalsam

Blumen inszenieren:
Jede Blume ist so schön, dass wir sie
gerne einzeln in Szene setzen. In unter-
schiedlichen Vasen kommt jede für sich
besonders gut zur Geltung.

»Es quoll und trieb nun überall
Mit Leben, Farben, Duft und Schall,
Sie schienen gern sich zu vereinen,
Daß alles möchte lieblich scheinen.
Ich wußte nicht, wie mir geschah,
Und wie das wurde, was ich sah.«

Blumen porträtieren:

Wir machen uns ein Bild von der Vielfalt der Blumen, skizzieren ihre Umrisse, entdecken ihre Einzigartigkeiten.

Schafgarbe

Gerbera

Strandflieder

120

Blumenkranz binden:

Mit Blumendraht formen wir einen
Kreis und befestigen daran mit
Bindedraht eine Auswahl an Blumen.
Wir häkeln eine Kordel, mit der wir
den Kranz unserer Freundin an die
Tür hängen.

»So dacht ich: ist ein Geist erwacht,
Der alles so lebendig macht
Und der mit tausend schönen Waren
Und Blüten sich will offenbaren?
Ich wußte nicht, wie mir geschah,
Und wie das wurde, was ich sah.«

Novalis (1772–1801)
dt. Schriftsteller
und Philosoph

Int. Nelson-Mandela-Tag:

Am 18. Juli, dem Geburtstag
Nelson Mandelas, erinnern wir
uns, dass sich der Friedens-
nobelpreisträger 67 Jahre seines
Lebens aktiv für ein friedliches
Miteinander eingesetzt hat.
Für eine freiere, gerechtere
und humanere Gesellschaft.
Wie können wir uns heute in
diesem Sinne 67 Minuten lang
engagieren?

Nelson Rolihlahla Mandela
(1918—2013)
ehem. Präsident der
Republik Südafrika

nelson mandela

Rolihlahla, so nennt dich deine Mutter, als du geboren wirst. »Am Ast eines Baumes ziehen« bedeutet dieser Thembu-Name übersetzt. Was so viel heißt wie »Unruhe stiften«.

In der Schule bekommst du von deiner Lehrerin den Namen, unter dem du später bekannt werden würdest: Nelson. Aber vom Herzen her bleibst du Rolihlahla. Einer, der die Leute nicht in Ruhe lässt mit seinen Träumen vom guten Leben.

Schon mit zwölf Jahren verlierst du deinen Vater. Der Thembu-König nimmt dich auf wie seinen eigenen Sohn. Er sorgt dafür, dass du die besten Schulen der Gegend besuchen kannst. Du bist aufmerksam und lernst gerne. Keine*r aus deiner Familie ist je zur Schule gegangen. Du träumst davon, Beamter oder Dolmetscher zu werden, und darfst bald auf Afrikas beste Universität für People of Color gehen.

Doch nach kurzer Zeit wirst du rausgeworfen, weil du dich an Protesten gegen die schlechte Verpflegung beteiligst.

Dein Ziehvater ist wütend und verheiratet dich, damit du zu Hause bleibst. Du aber fliehst gemeinsam mit dessen Sohn Justice nach Johannesburg. Doch dein Ziehvater findet dich und will dich zurückholen. Du beschließt, deinen Studienabschluss nachzuholen und eine Ausbildung in einer Anwaltskanzlei zu machen, um nicht zurückkommen zu müssen. In dieser Zeit lernst du Menschen kennen, die sich für die Rechte der People of Color starkmachen. Bald engagierst du dich im African National Congress (ANC), der sich für das Wahlrecht der People of Color einsetzt. Ihr haltet Versammlungen, Reden und Protestmärsche ab. Scheinbar ohne Erfolg, denn 1948 werden die Regeln der Apartheid eingeführt.

Aubergine
(SOLANUM MELONGENA)

Du protestierst weiter, lancierst Kampagnen, beachtest »Nur-für-Weiße«-Schilder nicht und kommst dafür ins Gefängnis. So wie 8500 weitere Menschen.

1952 gründest du mit einem Freund als erster Schwarzer Südafrikaner eine Anwaltskanzlei. 1955 müssen Zehntausende Schwarze Menschen ihren Stadtteil verlassen, um Weißen Mitbürger*innen Platz zu machen. Deine Kanzlei hat gut zu tun.

Gemeinsam mit anderen Gruppen formuliert der ANC die »Freiheitscharta«. Darin fordert ihr Demokratie und Freiheit für alle Südafrikaner*innen. Ihr werdet verhaftet. Vier Jahre dauert der Prozess. In dieser Zeit werden auf einer friedlichen Demonstration 69 Personen von der Polizei niedergeschossen.

Immer war dein Vorbild Mahatma Gandhi. Doch allmählich hast du den Eindruck, dass friedliche Mittel nicht ausreichen, um diesen Kampf zu gewinnen. Du lässt dich verleiten, eine Untergrund-Armee auszubilden. Das hat Folgen: 1964 wirst du zu lebenslanger Haft verurteilt. In deinem vierstündigen Plädoyer gibst du einiges von dem zu, was dir vorgeworfen wird. Vor allem aber erzählst du von deinem Traum von einem gerechteren Leben, in dem es weder eine Weiße noch eine Schwarze Vorherrschaft gibt.

18 Jahre verbringst du im Hochsicherheitsgefängnis »Robben Island«. An die Wand deiner Zelle malst du jeden Tag einen Strich, um dein Zeitgefühl nicht zu verlieren. Und selbst hier kämpfst du weiter für die Rechte deiner Mitmenschen.

Eines Tages wird dir erlaubt, im Vorhof einen Garten anzulegen. Die Zwiebeln, Chilis und Tomaten, die du dort erntest, schmecken nach Freiheit. Derweil protestieren draußen der ANC und Freund*innen in aller Welt weiter für die Gleichberechtigung der Schwarzen Südafrikaner*innen.

1982 wirst du in ein Gefängnis auf dem Festland verlegt, und auch dort legst du einen Garten an, diesmal auf dem Dach, dem Himmel ein Stückchen näher als zuvor.

Nach sechs Jahren beginnt deine friedliche Saat aufzugehen, und die südafrikanische Regierung ändert einige Apartheidsgesetze. 1989 trifft sich Südafrikas neuer Präsident Frederik Willem de Klerk mit dir. Vier Wochen danach wird das Verbot des ANC aufgehoben, wenige Monate später bist du ein freier Mann – nach 27 Jahren und mittlerweile 71 Jahre alt.

Gemeinsam mit de Klerk schaffst du die letzten Apartheidsgesetze ab. 1993 teilt ihr euch den Friedensnobelpreis. Am 27. April 1994 dürfen Schwarze Südafrikaner*innen zum ersten Mal in der Geschichte wählen gehen. Als erster Schwarzer Südafrikaner wirst du zum Präsidenten gewählt.

Wir erinnern uns an dich als einen, der vielen zum Anwalt wurde. Du warst jemand, der in Gefängnissen Gärten anlegte und unzählige Mitmenschen auf den Geschmack von Freiheit brachte. Rolihlahla, du Unruhestifter um des Lebens willen. Danke, dass du uns bis heute nicht in Ruhe lässt.

Tomate
(LYCOPERSICON ESCULENTUM)

Kurz: Alle
guten Dinge sind
wild und frei.

Henry David Thoreau
(1817–1862)
US-amerik. Schriftsteller
und Philosoph

HUCKEPACK im Kirschen HIMMEL

Ich will mal wieder auf Bäume klettern. Wie früher als Kind. Luft bekommen zwischen mir und dem Boden der Tatsachen. Hilfst du mir? Huckepack oder mit Räuberleiter könnte ich es schaffen. Dann suche ich mir einen Ast und ziehe mich hoch. Langsam, mit Kraft, barfuß am Baumstamm entlang. Ast für Ast hangele ich mich hinein ins grüne Blätterdach.

Ich schaue zurück. Die Menschen auf der Wiese werden immer kleiner, ihre Stimmen leiser. Dann schaue ich wieder hoch. Da vorne winkt eine Astgabel, lädt mich zum Ausruhen ein. Ich nehme das Angebot an, balanciere zu ihr hin, an allen möglichen Abzweigungen vorbei. Ich rutsche ab, autsch, fange mich wieder, ein letzter Zug, geschafft. Endlich. Ich lege mich in die Kuhle, meine Arme auf die Zweige links und rechts von mir. Pause.

Einatmen. Ausatmen. Ich spüre meinen Herzschlag. Ringsrum baumeln Kirschen, zuckersüß. Von der Hand in den Mund und an die Ohren, so schmeckt der Sommer. Von hier aus kann ich weit sehen, bis in den Himmel, den Vögeln und Wolken hinterher. Und Kirschkerne spucken, in alle vier Himmelsrichtungen. Ich stelle mir vor, wie daraus wieder Bäume werden, und fange an zu träumen.

Sammler sind
glückliche
Menschen.

Johann W. v. Goethe
(1749–1832)
dt. Dichter,
Naturforscher

Mundräubern:

In der Nähe unseres Lieblings-
klosters zeigt sich das Leben
in seiner ganzen Großzügig-
keit. Unzählige Kirschbäume
säumen den Weg und warten darauf, um ihre süße Last er-
leichtert zu werden. Unsere
kleinen Mundräuber*innen und
wir dürfen uns hier nach Lust
und Laune umsonst bedienen.
Solche Bäume gibt es auch in
deiner Nähe. Wo sie stehen, findest du auf dieser Seite:

www.mundraub.org

Ein Kirschenfest feiern:

Der Sage nach haben Kinder im Jahr
1432 verhindern können, dass die Stadt
Naumburg während der Hussitenkriege
zerstört wurde. Alle 600 Kinder der
Stadt sollen schutzlos und singender-
weise zum Lager der Soldaten gezogen
sein. Gemeinsam baten sie den General
um Gnade. Dieser ließ sich erweichen,
befahl seinen Musikern, die schönsten
Kinderlieder zu spielen, und ließ die
jungen Gäste mit Kirschen bewirten.
Abends zogen die Kinder mit grünen
Friedenszweigen zurück. In Naumburg
wird in Erinnerung an diesen Tag jedes
Jahr am 28. Juli ein Kirschenfest
gefeiert.

Durch Feld und Wald zu schweifen
mein Liedchen wegzupfeifen.

Johann W. v. Goethe (1749–1832)
dt. Dichter, Naturforscher

Kirschenspiele ausdenken:

Mit Huckepack und Räuberleiter werden wir zu Kletterkünstler*innen. Oben auf dem Baum spielen wir »Ich sehe was, was du nicht siehst!« und entdecken Wolken, Schnecken, Blumen. Wir zählen unsere Kirschen. Wer findet Zwillinge, Drillinge oder gar Neunlinge? Nach dem Naschen messen wir uns im Kirschkernweitspucken. Wer am weitesten kommt, dem hängen wir Kirschen an die Ohren, Zöpfe und Knöpfe.

Gut Kirschen essen

Zutaten:

3 Brötchen vom Vortag	1/2 TL Zimt
180 ml Milch	100 g Schmand
3 Eier, getrennt	350 g Kirschen,
100 g Zucker	entsteint
100 g Butter	etwas Puderzucker
1 Pck. Vanillezucker	200 ml Vanilleeis

Wir schneiden die Brötchen in dünne Scheiben, erwärmen die Milch und tränken die Scheiben darin.

Dann schlagen wir das Eiweiß mit 50 g Zucker steif. Wir rühren die Butter, weitere 50 g Zucker und den Vanillezucker mit dem Zimt schaumig. Wir fügen Eigelb und Schmand hinzu und heben das steife Eiweiß unter.

Dann schichten wir die Brötchenscheiben, die Kirschen und die Ei-Zucker-Masse in die gefettete Form. Wir backen den Kirschenmichel im vorgeheizten Backofen bei 170 °C (Umluft 150 °C) insgesamt 45 Minuten lang. Nach 15 Minuten decken wir ihn mit Alufolie ab. Dann holen wir ihn raus und lassen ihn ein wenig abkühlen.

Am liebsten essen wir Kirschenmichel draußen im Grünen. Lauwarm, mit Puderzucker und Vanilleeis!

Kirschen michel

ICH dein BAUM

Nicht du sollst meine probleme lösen
sondern ich deine
gott der asylanten
nicht du sollst die hungrigen satt machen
sondern ich soll deine kinder behüten
vor dem terror der banken und militärs
nicht du sollst den flüchtlingen raum geben
sondern ich soll dich aufnehmen
schlecht versteckter gott der elenden

Du hast mich geträumt gott
wie ich den aufrechten gang übe
und niederknien lerne
schöner als ich jetzt bin
glücklicher als ich mich traue
freier als bei uns erlaubt

Hör nicht auf mich zu träumen gott
ich will nicht aufhören mich zu erinnern
dass ich dein baum bin
gepflanzt an den wasserbächen
des lebens

Dorothee Sölle
(1929—2003)
dt. ev. Theologin,
Publizistin

In den Himmel gucken:

Vögel lenken unseren Blick nach oben in den Himmel. Der ist manchmal blau oder grau, weit offen oder voller Wolken. Wolken haben wiederum ihre ganz eigene Bildsprache. Sie erzählen uns, ob und wann es regnet, stürmt oder aufreißt. Wir malen sie ab, schauen ihnen nach, fotografieren ihre Silhouetten. Und wir wetten auf sie. Dazu suchen sich alle eine Wolke aus, und dann beginnt das Wettrennen: Welche Wolke ist schneller?

SOMMER
frische

Zupf dir ein Wölkchen aus dem Wolkenweiß,
das durch den sonnigen Himmel schreitet.
Und schmücke den Hut, der dich begleitet,
mit einem grünen Reis.

Verstecke dich faul in der Fülle der Gräser.
Weil's wohltut, weil's frommt.
Und bist du ein Mundharmonikabläser
und hast eine bei dir, dann spiel, was dir kommt.

Und lass deine Melodien lenken
von dem freigegebenen Wolkengezupf.
Vergiss dich. Es soll dein Denken
nicht weiter reichen als ein Grashüpferhupf.

Joachim Ringelnatz
(1883–1934)
dt. Schriftsteller,
Kabarettist, Maler

I. hohe wolken

 über 7 km HÖHE

1. Cirrus

2. Cirrostratus

3. Cirrocumulus

II. mittelhohe Wolken

 zwischen 2 und 7 km HÖHE

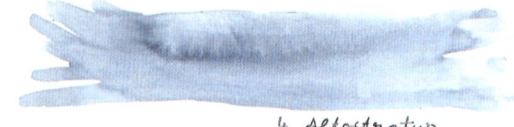

4. Altostratus

5. Altocumulus

III. tiefe Wolken

bis 2 km HÖHE

7. Stratus

6. Nimbostratus

8. Stratocumulus

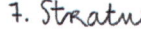

138

WOLKEN los

Wolken sind Ansammlungen von Millionen klitzekleiner Wassertröpfchen oder Eiskristallen. Machen wir uns vertraut mit ihrer Bildsprache. Vielleicht können wir dann bald auf die Wetter-App verzichten?

I) Hohe Wolken

»Cirrus« (1) sind schlierenartige Federwolken. »Cirrostratus« (2) sind derart dünne Schleierwolken, dass das Licht von Sonne und Mond durchscheint. »Cirrocumulus« (3) sind kleine Schäfchenwolken, die kaltes, aber schönes Wetter ankündigen. Sie verwandeln den Himmel in einen dünnen, weißen Fleckenteppich.

II) Mittelhohe Wolken

»Altostratus« (4) sind Schichtwolken, die nahezu den gesamten Himmel bedecken, aber die Sonne durchscheinen lassen. »Altocumulus« (5) sind große Schäfchenwolken und an heißen Tagen Vorboten für Gewitter.

III) Tiefe Wolken

»Nimbostratus« (6) sind blaugraue Regenwolken, die keine Sonne durchlassen. »Stratus« (7) sind graue Schichtwolken, die Hochnebel genannt werden. »Stratocumulus« (8) sind Haufenschichtwolken, die auf stabiles Wetter hinweisen und in Deutschland häufig vorkommen.

IV) Vertikale Wolken

»Cumulus« (9) kommen als Haufenwolken daher, deren Oberseite aussieht wie weiße Blumenkohlköpfe. Sie werden auch Schönwetterwolken genannt, die sich aber von jetzt auf gleich verwandeln können. »Cumulonimbus« (10) sind Gewitterwolken und aufgebaut wie riesige Pilze.

IV. vertikale Wolken

können 9 km hoch werden

9. Cumulus

10. Cumulonimbus

abhängen

Tag der Hängematte:

Am 22. Juli feiern wir den Tag der Hängematte. Dafür braucht es zwei Bäume, eine Hängematte, ein gutes Buch, ein Eis, Lust auf ein gepflegtes Nickerchen oder darauf, durch die Gegend zu gucken. Pause machen kann so einfach sein, wenn wir es nicht auf morgen verschieben, sondern es hier und jetzt einfach tun. In unserem Garten, nebenan im Park oder im Wald — einfach sein!

Die meisten Menschen
wissen gar nicht,
wie schön die Welt ist
und wie viel Pracht
in den kleinsten Dingen,
in irgendeiner Blume,
einem Stein, einer Baumrinde
oder einem Birkenblatt
sich offenbart.
Die erwachsenen Menschen,
die Geschäfte und Sorgen haben,
sich mit lauter Kleinigkeiten quälen,
verlieren allmählich ganz den Blick
für diese Reichtümer.
Es geht eine große und ewige
Schönheit durch die ganze Welt,
und diese ist gerecht
über die kleinen und großen
Dinge verstreut.

Rainer Maria Rilke
(1875 – 1926)
österr. Lyriker

Wir befüllen Becher
und Eisbehälter mit griechischem
Joghurt, Brombeeren und Blaubeeren.
Dann stecken wir Eisstiele hinein
und geben unsere Kompositionen für mindestens
sechs Stunden in die Tiefkühltruhe.
An einem heißen Nachmittag holen wir
sie wieder raus: Eiszeit!

Eis
mit
Stie

unterwegs

Wir lieben das Reisen an unbekannte Orte und folgen im Sommer gerne unserem Fernweh. Dabei muss es gar nicht mal weit sein. Hauptsache ein Ortswechsel, fremd werden, das Leben von einer anderen Seite entdecken. Das ist es, was uns beseelt.

Und viele vor uns auch schon. Gereist wird im Sommer bereits seit vielen Jahrhunderten. Früher stand das Reisen vor allem unter dem Zeichen des Pilgerns. Die Menschen wanderten zum Beispiel auf dem Weg des heiligen Jakobus nach Santiago de Compostela. Das Erkennungszeichen des heiligen Jakobus ist die Jakobsmuschel. Sie diente den Pilgernden im Mittelalter als Trinkschale und kennzeichnet heute die Wegstrecke. Manche reisen von Santiago de Compostela weiter bis ans Meer, um sich von dort eine Jakobsmuschel als Erinnerung an die Reise mitzunehmen.

Tag des heiligen Jakobus:

Am 25. Juli wird des heiligen Jakobus gedacht. Der Jünger Jesu ist wegen seines Glaubens den Märtyrertod gestorben. Seine Gebeine sollen in Santiago de Compostela beigesetzt worden sein. Vermutlich hat er dort auch gelebt und gewirkt. Die Stadt ist einer der bekanntesten christlichen Wallfahrtsorte der Welt.

Nur wer
umherschweift,
findet
neue Wege.

Norwegisches Sprichwort

Dem Fernweh folgen:

Wohin reisen wir dieses
Jahr? Mit welchem Gefährt
machen wir uns auf den Weg?
Was wollen wir entdecken?
Was bringen wir mit von
unterwegs?

Vor lauter Lauschen und Staunen sei still.

Rainer Maria Rilke (1875–1926), österr. Lyriker

Stern ★ stunden

Wer im August nachts in den Himmel schaut, der darf sich auf jede Menge Sternschnuppen freuen. Man hielt sie im Volksglauben für ein Zeichen des heiligen Märtyrers Laurentius, dessen Namenstag am 10. August gefeiert wird. Er lebte in der Zeit der ersten Christ*innen und war ein großer Menschenfreund. Er versteckte Verfolgte und versorgte sie mit Essen. Eines Tages wurde er selbst zum Verfolgten: Der Kaiser warf ihm vor, den Kirchenschatz versteckt zu halten, und forderte ihn auf, ihm diesen auszuliefern.

Daraufhin trat Laurentius vor ihn, um ihm den wahren Schatz der Kirche zu zeigen: lauter zerlumpte und arme Menschen. Dafür ließ der Kaiser ihn töten.

Die Sternschnuppen, die man in diesen Tagen besonders gut sehen kann, werden deswegen auch Laurentiustränen genannt. Wir nutzen die Nacht, um zu träumen, was anders werden könnte in dieser Welt. Und in unserem Leben.

Laurentiustag:

Um den Laurentiustag am 10. August zwischen 2 und 4 Uhr morgens kann man viele Sternschnuppen am Himmel sehen. Möglichst außerhalb der Stadt, auf einem Feld oder am Meer. Sobald wir eine Sternschnuppe entdecken, wünschen wir uns etwas im Geheimen – und vertrauen darauf, dass unser Wunsch gehört wird.

Wer auf Reisen geht, hat was zu erzählen.
Von leckerem Essen, fantastischen Landschaften,
ungewohnten Gewohnheiten und überraschenden
Begegnungen. Zum Beispiel mit anderen Sprachen.

meraki
›griechisch‹

Sich voll und ganz
einer Sache widmen.
Sich darin ergießen.

WABI SABI
›japanisch‹

Das Schöne im Unperfekten
entdecken. Den Kreislauf
von Leben und Tod akzeptieren.

JUGAAD
›hindi‹

Auf kreative Weise
aus wenig viel machen.

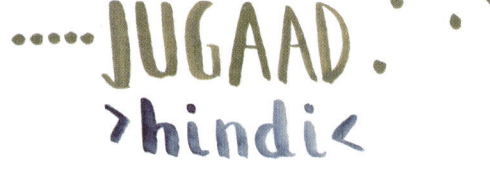

vacilando
›spanisch‹

Reisen ohne
Landkarte und Ziel.
Das Wichtigste ist
die Gegenwart.

chuchichäschtli
›schweizerdeutsch‹

Küchenschrank

UITWAAIEN
>niederländisch<

Spazieren gehen, um sich den Kopf
vom Wind freipusten zu lassen.

SAMAR
>arabisch<

Mit Freund*innen bis weit nach
Sonnenuntergang aufbleiben und feiern.

OPPHOLDSVÆR
>norwegisch<

Der Moment nach dem Regen und bevor
die Sonne wieder anfängt zu scheinen.

TIÁM
>farsi<

Das Funkeln in den Augen,
wenn Menschen einander
zum ersten Mal sehen.

Saudade
>portugiesisch<

Eine Sehnsucht nach etwas,
das es nicht gibt oder das
verloren gegangen ist.

YAKAMOZ
>türkisch<

Die Spiegelung
des Mondes im Wasser.

ubuntu
>nguni bantu<

Südafrikanische Philosophie von
Menschlichkeit und Nächstenliebe:
»Alle Menschen sind Teil eines großen Ganzen
und darin miteinander verbunden.«

Niemand sucht aus

Man sucht sich das Land seiner Geburt nicht aus,
und liebt doch das Land, wo man geboren wurde.

Man sucht sich die Zeit nicht aus,
in der man die Welt betritt,
aber muss Spuren in seiner Zeit hinterlassen.

Seiner Verantwortung kann sich niemand entziehen.

Niemand kann seine Augen verschließen,
nicht seine Ohren,
stumm werden und sich die Hände abschneiden.

Es ist die Pflicht von allen zu lieben,
ein Leben zu leben,
ein Ziel zu erreichen.

Wir suchen den Zeitpunkt nicht aus,
zu dem wir die Welt betreten,
aber gestalten können wir diese Welt,
worin das Samenkorn wächst,
das wir in uns tragen.

Gioconda Belli (*1948)
nicarag. Schrifstellerin,
Freiheitskämpferin

FRÜHSTÜCKSgranola

Dieses knusprige Frühstück haben wir
aus unserem letzten Schwedenurlaub mitgebracht.
Egal ob draußen überm Feuer oder zu Hause auf dem Herd –
es duftet herrlich und schürt die Vorfreude
auf den nächsten Urlaub.

So geht's: Haferflocken in der Pfanne
rösten. Nach Belieben Nüsse, Samen
und Kerne dazugeben, bis es duftet. In
der Mitte der Pfanne eine Kuhle drücken
und ein paar Esslöffel Honig erhitzen.
Gewürze wie Zimt und Kardamom dazugeben. Alles miteinander vermischen.

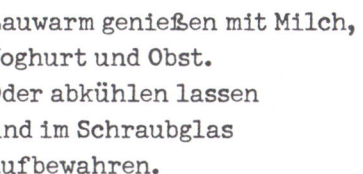

Lauwarm genießen mit Milch,
Joghurt und Obst.
Oder abkühlen lassen
und im Schraubglas
aufbewahren.

Klara von Assisi

Du kommst aus gutem Hause. Als Tochter eines adligen Ritters ist dein Weg vorgezeichnet. Eine sichere Zukunft mit Mann und Familie steht dir bevor. Doch mit 17 Jahren hast du genug von all dem Luxus. Heiraten willst du nicht. Selbstbestimmt leben willst du. Als du den Aussteiger Franziskus kennenlernst, ist das deine Gelegenheit. Du fliehst von zu Hause, Franziskus schneidet dir deine Haare ab und legt dir ein schlichtes Gewand um. Von nun an willst du einfach leben, in Armut und geschwisterlich.

Du scharst Weggefährtinnen um dich. »Klarissen« wird man eure Gemeinschaft später nennen. Einmal wöchentlich besprecht ihr ausführlich, wie ihr miteinander leben wollt. Wer Verantwortung trägt, wird demokratisch gewählt.

Anweisungen zu geben fällt dir schwer. Häufig erledigst du die Aufgaben lieber selbst. Es liegt dir nicht, von Nächstenliebe nur zu reden, du praktizierst sie einfach.

Die Schwestern sagen dir Sanftmütigkeit nach. In kalten Nächten deckst du sie gerne mal mütterlich zu.

Mit Franziskus verbindet dich eine Art Seelenverwandtschaft. Einmal seid ihr auf dem Weg von Spello nach Assisi. Der Legende nach bittet ihr in einem Haus um Wasser und Brot. Ihr müsst euch Anspielungen zu eurer Freundschaft anhören. Deswegen wollt ihr euch erst mal nicht mehr gemeinsam sehen lassen. Es bricht dir das Herz, und du fragst Franziskus, wann denn ein nächstes Wiedersehen möglich sei. »Wenn der Sommer wiederkommt, wenn die Rosen blühen!«, antwortet Franziskus dir. Und siehe da: Plötzlich fangen mitten im Schnee die Rosen an zu blühen. Daraufhin pflückst du ihm einen Strauß, und ihr beschließt, euch durch nichts mehr voneinander trennen zu lassen.

Wie gut. Denn ihr seid wie füreinander geschaffen. Du lockst den umtriebigen Wanderer immer wieder in die Stille. Mit dir kommt er zur Ruhe. Deine Sicht der Dinge tut ihm gut. In seiner Ordensregel schreibt er davon, einander zu umsorgen wie eine Mutter ihre Söhne. Ob dein weiblicher Einfluss dahintersteckt?

Leuchtende

Franziskus wiederum tut dir mit seiner Sicht der Dinge gut: Er bewahrt dich davor, zu streng mit dir selbst zu sein. Als du mal wieder nicht aufhören willst zu fasten, deckt er dir den Tisch.

Was euch in allem verbindet, ist euer widerständiger Geist. Dem Leben zuliebe. Und über den Tod hinaus. Nachdem Franziskus gestorben ist, lebst du noch weitere 27 Jahre. Du bist immer wieder schwer krank und wirst gleichzeitig immer bekannter für deinen Mut und dein Gottvertrauen. Als dein Kloster im Auftrag des Kaisers überfallen wird, trittst du dem Heer betend entgegen. Daraufhin ergreift es die Flucht und verschont nicht nur das Kloster, sondern ganz Assisi.

Der Papst drängt dich mehrmals, Besitz anzunehmen, um deine Existenz und die deiner Gemeinschaft abzusichern. Du weigerst dich. Als erste Frau der Geschichte schreibst du kurzerhand deine eigene Ordensregel. Einen Tag vor deinem Tod erfährst du, dass die Regel in Rom bestätigt wurde. Zu diesem Zeitpunkt berufen sich bereits 150 Klöster auf dich.

Dein Name spricht für dich. Er bedeutet: Klara, die Leuchtende!

Stelle
deine Gedanken
vor den Spiegel
der Ewigkeit.

Im 3. Brief an Agnes von Prag:
Klara von Assisi (1193/4–1253)
Begründerin des kontemplativen
Klarissenordens

Namenstage entdecken:

Der Todestag von Klara von Assisi am 11. August ist zugleich ihr Namenstag. Wir nutzen den Tag, um ihrem Namen und ihrem Leben auf die Spur zu kommen. Und auch unserem Leben: Was bedeutet mein Name? Was bedeutet deiner? Und wann sind unsere Namenstage? Wollen wir sie feiern? Wie?

TAG- und- NACHT- gleiche

Am 22., 23. oder 24. September sind zum zweiten Mal im Jahr Tag und Nacht gleich lang. Danach werden die Tage wieder kürzer und die Nächte länger. Der Herbst hat begonnen, und die Blätter fangen an, sich zu verfärben. Es wird dunkler und beginnt zu frieren, sodass die Wurzeln kein Wasser mehr aus der Erde holen können, um ihre Blätter zu versorgen. Der Baum stellt die Fotosynthese ein, den Vorgang, bei dem er Sauerstoff und Zucker produziert. Er zieht das grüne Chlorophyll und andere Nährstoffe aus den Blättern ab, um sie in den Wurzeln, im Stamm und in den Ästen zu lagern, bis es wieder wärmer wird. So kommen auf den Blättern die gelben, orangen und roten Pigmente zum Vorschein.

Indem der Baum die Blattstiele samt Wasserleitungen verschließt, verhindert er, dass er über die Blätter weiterhin Wasser verdunstet, was dazu führen würde, dass der Baum verdurstet. So aber werden nur die Blätter immer trockener. Kommt nun ein Windstoß, segeln die welken Blätter zu Boden. Bis zu 25 kg Laub wirft beispielsweise eine Rosskastanie ab. Willkommenes Fressen für Tausendfüßer, Asseln, Würmer und andere Tiere, die die Blätter zu wertvollem Humus recyceln, auf dem die Bäume weiterwachsen können.

Septembermorgen

Im Nebel ruhet noch die Welt,
noch träumen Wald und Wiese:
Bald siehst du, wenn der Schleier fällt,
den blauen Himmel unverstellt,
herbstkräftig die gedämpfte Welt
in warmem Golde fließen.

Eduard Mörike
(1804–1875)
dt. Lyriker

Kräfte sammeln:

In welchen Lebensbereichen
tut mir jetzt ein Rückzug gut?
Was will ich loslassen?
Worauf will ich meine Kräfte
konzentrieren?

Dem Sammlerglück frönen:

Wir sammeln Federn, Steine, Kastanien, Zapfen, Blätter.
Die Pflanzen trocknen und bemalen wir mit Acrylfarben
und -stiften. Als Mobile werden uns die Fundstücke noch
lange an unsere Streifzüge durch die Natur erinnern.

Danken und teilen:

Wofür bin ich dankbar?

Wem kann ich Danke sagen?

Was kann ich teilen?

Danke ♥ schön

Das Erntedankfest ist eines der ältesten und weltweit verbreitetsten Feste überhaupt. Schon seit der Antike gibt es rituelle Feiern rund um Aussaat und Ernte. Die Griechen dankten der Göttin des Ackerbaus, Demeter. Die Römer dankten der Feldgöttin Ceres, und die Germanen dankten Wotan. In der jüdischen Tradition wird zur Frühlingsernte das Schawuot und zur Herbstlese das Laubhüttenfest Sukkot gefeiert. In der christlichen Tradition sind Erntedankfeste seit dem 3. Jahrhundert nach Christus bekannt. Früher fuhren in manchen Gegenden Deutschlands die Bäuerinnen und Bauern ihre erste Fuhre Getreide aus Ehrfurcht schweigend nach Hause und verschenkten sie an diejenigen, die keine Felder besaßen. Dann erst brachten sie den Rest der Ernte in ihre Lager. Aus Freude über eine gute Ernte und über einen gesicherten Winter feierten sie anschließend ein Fest mit allen beteiligten Erntehelfer*innen. Viele Jahrmärkte haben hier ihren Ursprung.

Die Feste begannen mit einem Dankgottesdienst. In der katholischen Kirche hat sich der erste Sonntag im Oktober als Festtag eingebürgert. In der evangelischen Kirche wird meist um den Michaelistag herum am 29. September gefeiert. Feldfrüchte und Obst dienen noch heute als Altarschmuck. Häufig wird auch eine Erntekrone aufgestellt. Gebunden aus vielen Ähren erinnert sie an die menschliche Abhängigkeit von der Natur und von göttlichem Beistand. Der Kranz, auf den sie gebunden ist, hat keinen Anfang und kein Ende und steht für den ewigen Kreislauf des Lebens.

Gerade in unserer heutigen Zeit, in der scheinbar immer alles zu haben ist, erinnert uns das Erntedank-Ritual daran, dass alles seinen Rhythmus hat. Und dass nichts einfach nur so da ist. Dass wir unser Leben verdanken und dass es sich lohnt, deswegen Feste miteinander zu feiern. Und miteinander zu teilen, was wir haben. Damit niemand leer ausgeht.

kopfüber ins glück

Mürbeteigkuchen ist bei uns ein Klassiker. Am liebsten mit Birnen, Äpfeln oder Aprikosen drauf. Die gestürzte Variante mögen wir besonders. Der Legende nach soll die sogenannte Tarte Tatin im 19. Jahrhundert zufällig erfunden worden sein — als nämlich einst der betagten Mademoiselle Tatin aus der Sologne der Apfelkuchen aus den Händen auf die Fruchtseite gefallen sei. Kurzerhand soll sie ihn mit den Früchten nach unten wieder in die Form gelegt, mit frischem Teig bedeckt und noch einmal gebacken haben. Was für ein köstliches Missgeschick!

300 g Mehl
150 g weiche Butter
80 g Zucker
1 Ei
je 25 g Zucker und Butter zum Karamellisieren
1 kg Birnen (auch lecker: Äpfel oder Aprikosen)
Pistazien, Lavendelblüten

Mit bloßen Händen Zutaten zu einem Teig kneten und kühl stellen. Ofen auf 180 °C (Umluft) vorheizen. Tarteform mit Alufolie auslegen. Darin Zucker mit Butter im Ofen karamellisieren. Birnenschnitze hineingeben, Teig ausrollen, auf die Birnen legen und andrücken. Mit Gabel mehrfach einstechen. Ungefähr 25 Minuten backen. Anschließend direkt stürzen und mit Pistazien und Lavendelblüten belegen. Walnüsse schmecken auch köstlich dazu.

Tischsets bedrucken:
Für unseren Kaffeeklatsch bedrucken wir herbstliche Tischsets. Als Stempel dienen uns aufgeschnittene Birnen und Äpfel.

Hauch
zart

Manchmal ist die Ernte so reich, dass wir nicht wissen, wohin mit dem vielen Obst. Wir machen Chips draus. Die lassen sich den ganzen Winter bevorraten und an kalten Abenden immer wieder hervorholen.

100 g Rohrohrzucker
1 Msp. Zimt
3 Birnen oder Äpfel

Ofen auf 150 °C (Ober-/Unterhitze) vorheizen. Zucker und Zimt in Schüssel mischen. Birnen und Äpfel gut waschen. Mit scharfem Messer in dünne Scheiben schneiden.
Obstscheiben auf beiden Seiten in die Zimt-Zucker-Mischung pressen. Auf ein mit Backpapier ausgelegtes Backblech legen. Im Ofen 20 Minuten auf der einen Seite und 20 Minuten auf der anderen Seite trocknen lassen.
Abgekühlt auf Zimmertemperatur in luftdichtem Behälter lagern. Je dünner und je trockener die Chips sind, umso länger halten sie sich.

Blüte

Stängel

Auge

Mutterknolle

Kartoffelfeuer:

Wir harken das Kartoffelkraut zusammen
und zünden es an. In die Glut legen wir
die Kartoffeln. Mit Stöcken drehen wir
sie hin und her, bis sie gar sind. Wir
löffeln sie aus der schwarzen Schale mit
Butter und Salz.

Ackergold

Im Herbst werden die Spätkartoffeln geerntet, die sich zum Einlagern für den Winter eignen. Wir helfen mit beim Bauern in unserer Nähe – gemeinsam mit Groß und Klein aus dem Dorf. Alle haben sich versammelt, um – nachdem eine Maschine die Kartoffeln aus der Erde geholt hat – beim Auflesen zu helfen. Anschließend feiern wir im Hof alle gemeinsam ein Kartoffelfest. Auf Kartoffelsäcken sitzen wir ums Feuer herum und erfahren, dass die Kartoffel erst im 16. Jahrhundert von spanischen Eroberern aus den Anden nach Europa importiert wurde. Lange Zeit wurde sie wegen ihrer schönen Blüten nur als Zierpflanze eingesetzt, beispielsweise in botanischen Gärten.

Erst seit dem 18. Jahrhundert ist sie von unserem Speiseplan nicht mehr wegzudenken. Damals wurde sie vom Preußenkönig sogar als Grundnahrungsmittel verordnet. Heute gibt es weltweit bis zu 5000 Kartoffelsorten. Ihre Namen klingen vielversprechend. Sie heißen Frühgold, Lady Felicia, Gourmandine, Bintje, Ackersegen oder Innovator. Wir nennen die köstliche Knolle Ackergold und genießen sie nach getaner Arbeit noch mal so gerne.

KARTOFFEL
(SOLANUM TUBEROSUM)

POTpourri

In diesem Jahr hat das Gärtchen unserer Kinder nur eine Zucchini hervorgebracht. In Kombination mit anderem Gemüse wird daraus ein Chutney, das schmeckt wie alle Lieblingslieder vereint in einem Potpourri. Das Rezept haben wir von unserer Freundin Friedel:

1 kg grüne Zucchini
Salz, Pfeffer
250 g Zwiebeln
1 rote Peperoni
1 kleine Paprikaschote
250 g Gelierzucker (3:1)
250 ml Weißweinessig
2 Tl Currypulver

Zucchini putzen und fein würfeln. In einer Schüssel mit 40 g Salz mischen. 30 Minuten ziehen lassen. Wasser abgießen, Zucchini unter kaltem Wasser abspülen und gut trocken tupfen. Zwiebel fein würfeln. Peperoni der Länge nach einritzen, entkernen und fein hacken. Paprika putzen und fein würfeln. Die vorbereiteten Zutaten mit Gelierzucker, Essig, etwas Salz, Curry und Pfeffer in einem Topf mischen. Aufkochen und offen bei mittlerer Hitze 30–35 Minuten köcheln lassen. Eventuell nachwürzen. Ab in die Gläser und in den Keller für den Winter.

Das Gleichnis von den Kranichen

Ein großer Schwarm Kraniche flog über das Tal.
Seite an Seite zogen die Vögel dahin.
Klara und Franziskus schauten ihnen lange nach.
»Woher kennen sie ihr Ziel?«, fragte Klara,
»seit Wochen sind sie unterwegs und verirren sich doch nicht.«
»Alle Geschöpfe wissen in ihrer innersten Seele,
wo sie zu Hause sind«, erwiderte Franziskus,
»es ist, als ob ein Kompass in unserem Blut steckte,
der uns mit traumhafter Sicherheit den Weg zeigt.«
Nach langer Stille sagte Klara:
»Und doch kommt niemand von uns allein an sein Ziel.
Ein unsichtbares Netz verbindet uns.«

nach Helmut Schlegel

Gemeinsam unterwegs:

In welcher Gemeinschaft bin ich unterwegs? Wo ist mein Platz
darin? Ist es dran, vorauszufliegen oder mich hinten anzu-
schließen? Wen kann ich anfeuern? Wer begleitet mich, wenn
ich ausruhen muss? Wer ist an meiner Seite, wenn ich über
mich hinauswachse? Und an wessen Seite stelle ich mich?

raus-fliegen

Im Herbst kann man wieder Zugvögel auf ihrem Weg in die Wärme beobachten. Tausende von Kilometern überwinden sie auf ihrer Suche nach Nahrung. Manche in riesigen Schwärmen, manche in kleinen Gruppen, manche alleine. Unterwegs orientieren sie sich an der Sonne, an den Sternen, am Magnetfeld der Erde und an Landmarken, etwa Flüssen.

Einige Arten, wie die Gänse, sieht man in »V«-Formationen fliegen. Damit sorgen sie für eine optimale Aerodynamik. Hinter der anführenden Gans entstehen Verwirbelungen, durch die die folgenden Gänse länger gleiten können. Auch haben die Tiere in dem »V« einander und mögliche Feinde besser im Blick. Da die Führungsgans am meisten Widerstand zu überwinden hat, wird sie als erste müde. Ist es so weit, lässt sie sich nach hinten fallen und wird von einer anderen Gans abgelöst.

Die hinteren Gänse ermuntern die vorderen durch Zurufe. Wenn eine Gans krank wird, wird sie von zwei Gänsen zu Boden begleitet. Diese bleiben so lange an ihrer Seite, bis sie wieder fliegen kann oder stirbt. Dann schließen sich die Gänse einer anderen Formation an.

Während die einen Zugvögel aus dem Norden zu uns kommen, um bei uns zu überwintern, ziehen andere in den Mittelmeerraum.

Manche Vögel, wie die Schwalben, fliegen sogar bis ins tropische Afrika. Kehren sie im neuen Jahr zurück, wissen alle: Jetzt ist auch der Frühling wieder zurück!

An einer Feder ist
schließlich bemerkenswert,
dass sie wächst. Sie ist nicht
das Werk eines Moments, wie eine
Pistolenkugel, die man glutrot
in Form gießt. Ihre hauchzarten
Verästelungen, die sich wie bei einem
Farn immer weiter verzweigen, entwickeln
sich nach und nach, Stück für Stück,
ein Ästchen nach dem anderen. Und was auf
diese eine Daune in meiner Hand zutrifft, die
wie ein Spinnweben erzittert bei jedem meiner
Atemzüge, das trifft im Ganzen zu auf das
Federkleid der Vögel im Laufe der Evolution.

Grant Allen (1848–1899)
brit.-kanad. Schriftsteller

beflügeln

Du bist leicht in meiner Hand.
Zusammen mit den anderen
aber bekommst du Gewicht.
Gemeinsam entfaltet ihr eure Kraft,
gebt ihr dem Vogel eine Form,
schützt ihn vor Wasser und Kälte,
bringt ihn zum Fliegen,
hüllt ihn in ein Kleid.
Manche Vögel tragen euch im Sommer bunt
und im Winter schlicht;
das Brutkleid zum Auffallen,
das Ruhekleid zum Schutz.

Auf meinem Weg durch die Natur
finde ich euch, hebe euch auf, behutsam,
nehme euch mit nach Hause,
lege euch auf den Tisch,
eine nach der anderen, keine wie die andere.
Wo ihr schon überall wart,
am Himmel und auf der Erde,
welchen Vogel ihr beflügelt und
welche Geschichten ihr geschrieben habt,
ihr und die euren?

In unzähligen Händen habt ihr Federn einst gelegen,
Gedanken mit Tinte zu Papier gebracht,
Gesetze festgehalten, Dokumente unterzeichnet,
Tagebücher gefüllt, in Briefen die Liebe
erklärt und um Verzeihung gebeten,
Lieder komponiert und in Karten
die Welt abgebildet.

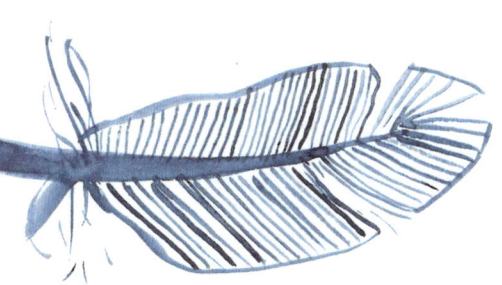

Während ich eure Konturen nachzeichne,
eure Linien weiterführe,
entstehen Muster in meinem Kopf,
wie eine Landkarte,
ein Weg tut sich auf,
eine Fährte ...

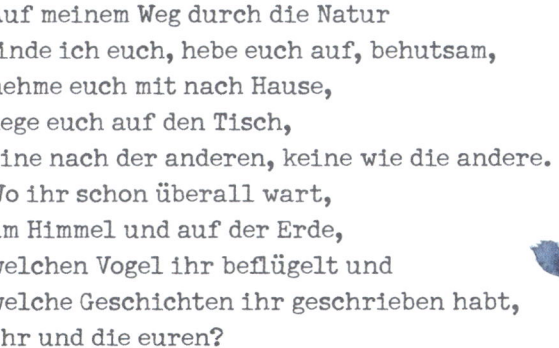

Seeschwalbe

Ziehende Landschaft

Man muss weggehen können
und doch sein wie ein Baum:
als bliebe die Wurzel im Boden,
als zöge die Landschaft und wir ständen fest.
Man muss den Atem anhalten,
bis der Wind nachlässt
und die fremde Luft um uns zu kreisen beginnt,
bis das Spiel von Licht und Schatten,
von Grün und Blatt,
die alten Muster zeigt
und wir zu Hause sind,
wo es auch sei,
und niedersitzen können und uns anlehnen,
als sei es an das Grab
unserer Mutter.

Hilde Domin
(1909–2006)
dt. jüd. Schriftstellerin

Nachwort

Aus Frühling ist Sommer
und dann Herbst geworden,
aus Samenkörnern wurden Bäume,
aus Grün wurde Bunt.

Wir haben gesät und gewartet,
im Boden gegraben,
Wurzeln geschlagen
und in der Tiefe Halt gefunden.
Wurden gelockt vom Licht
und vom Zwitschern der Vögel
in die Wärme, in die Weite, hinaus.
Mit all unseren Fragen,
unserem Schweigen und unseren Liedern.

Hier sind wir nun, mit Früchten in den Händen
und jungem Gemüse, eingeweckt in alten Gläsern.

Wie Perlen reihen sich
unsere Tage aneinander, wir schauen
ihnen nach, was sich angesammelt hat,
räumen auf, nehmen an, fädeln auf
und legen uns die Erinnerungen dankbar
um wie eine Kette, während es draußen
kälter wird und dunkler.

Es wird Zeit, den Kamin anzuheizen,
die Kerzen anzustecken,
unsere Winterjacken rauszuholen,
Mützen und Strümpfe zu stricken ...

... und hineinzugehen in die Winterzeit.
Wenn du magst, dann gerne zusammen.
Im Adventskalender »Lichtungen« geht
unsere Reise mit dem lieben Leben weiter:
Willkommen!

Stephanie Brad   *Ann-Kathrin Plöchner*

Quellenverzeichnis:

Seite 2   Hilde Domin, Wahl; aus: dies., Sämtliche Gedichte. © S. Fischer Verlag GmbH, Frankfurt am Main 2009.

Seite 10   Gute Nachricht Bibel, durchgesehene Neuausgabe, © 2018 Deutsche Bibelgesellschaft, Stuttgart.

Seite 18   Sir Yehudi Menuhin, Zur Bedeutung des Singens; verfasst als Schirmherr von Il Canto del mondo – Internationales Netzwerk zur Förderung der Alltagskulturen des Singens e. V., Düsseldorf, 1999, © Il canto del mondo e.V. , mit freundlicher Genehmigung des Vereins.

Seite 46   Märzküsse, aus: James Krüss, Der wohltemperierte Leierkasten, © 1989 cbj Verlag, in der Verlagsgruppe Random House, München.

Seite 79   Auferstehung, Marie Luise Kaschnitz; in: dies., Gedichte, 2016 Suhrkamp Verlag; Frankfurt a. Main, © MLK-Erbengemeinschaft Berlin/München.

Seite 135   Dorothee Sölle, Loben ohne lügen, © Fietkau Verlag, Berlin 2000, S. 12.

Seite 137   Joachim Ringelnatz, Sommerfrische; in: ders., Sämtliche Gedichte, Diogenes Verlag, Zürich 1994, 1997.

Seite 150   Gioconda Belli, Wenn du mich lieben willst; aus: dies., Gesammelte Gedichte, © Peter Hammer Verlag, Wuppertal 1993.

Seite 166   »Das Gleichnis von den Kranichen«, nach: Helmut Schlegel, Auszeit im Alltag. Ein geistlicher Wegbegleiter durch das Jahr mit Texten von Franz und Clara von Assisi, © Echter Verlag Würzburg 2005, S. 35.

Seite 168   aus: Thor Hanson, Federn; aus dem Englischen von Nina Sottrell, Meike Herrmann und Daniel Fastner, © 2016 MSB Matthes & Seitz Berlin Verlagsgesellschaft mbH.

Seite 170   Hilde Domin, Ziehende Landschaft; aus: dies., Sämtliche Gedichte, © S. Fischer Verlag GmbH, Frankfurt am Main 2009.

Zum Weiterlesen:

• Thomas von Celano, Engelbert Grau (Hrsg.), Leben und Wunder des Heiligen Franziskus von Assisi; Butzon & Bercker, Kevelaer 2001.

• Maria Ana Peixe Dias, Inês Teixeira do Rosário, Bernardo P. Carvalho et al, Die Natur: Entdecke die Wildnis vor deiner Haustür; Beltz & Gelberg, Weinheim 2019.

• Christian Feldmann, Kämpfer, Träumer, Lebenskünstler. Große Gestalten und Heilige für jeden Tag; Herder Verlag, Freiburg im Breisgau 2005.

• Kate Hennessy, Dorothy Day, The World Will Be Saved By Beauty. An Intimate Portrait Of My Grandmother; Scribner, New York 2017.

• Hermine König, Das große Jahresbuch für Kinder. Feste feiern und Bräuche neu entdecken; Kösel Verlag, München 2007.

• Peter Krauss, Singt der Vogel, ruft er oder schlägt er? Handwörterbuch der Vogellaute; Naturkunden Verlag Matthes & Seitz, Berlin 2017.

• Nelson Mandela, Sahm Venter (Hrsg.), Briefe aus dem Gefängnis; C. H. Beck, München 2018

• Richard Rohr, Die Liebe leben: Was Franz von Assisi anders machte. Herder Verlag, Freiburg im Breisgau 2015.

• Ami Ronnberg, Kathleen Martin (Hrsg.), Das Buch der Symbole. Betrachtungen zu archetypischen Bildern; Taschen Köln 2011.

• Greta Thunberg, Ich will, dass ihr in Panik geratet! Meine Reden zum Klimaschutz; S. Fischer Verlag GmbH, Frankfurt am Main 2019.

• Ella Frances Sanders, Lost in Translation. Unübersetzbare Wörter aus der ganzen Welt; Dumont Verlag, Köln 2019.

stephanie brall

Jahrgang 1980, Publizistin (M. A.), Fotografin, Autorin, singende Sprecherin, Gestalterin mit Liebe zum Detail. In ihren Texten und Bildern feiert sie die kleinen und großen Augenblicke des Lebens. Mit ihrem Mann und den zwei Kindern wohnt sie in Hildesheim.

www.stephaniebrall.de

ann-kathrin blohmer

Jahrgang 1978, Dipl.-Kulturwissenschaftlerin und musizierende Illustratorin. Sie kreiert einzigartige Kompositionen aus Malerei, Handschrift, Genähtem und Siebdruck auf Textilien, Holz und Papier. Mit ihrem Mann und den fünf Kindern wohnt sie in Hildesheim.

www.annkathrinblohmer.com

Danke

Wir bedanken uns von Herzen bei unseren Familien – wir lieben das Leben mit euch!
Herzlichen Dank für die inspirierende Projektbegleitung an
Anke, Charlotte, Friedel, Marco, Marie, Pamela, Peter, Shanta, Volker
und an das bene!-Team: Christine, Gudrun, Maike, Nicolas und Stefan.

Überarbeitete Neuauflage: Februar 2021

© 2021 bene! Verlag
Ein Imprint der Verlagsgruppe
Droemer Knaur GmbH & Co. KG, München.

Konzeption und Gestaltung: Stephanie Brall und Ann-Kathrin Blohmer
Texte, Redaktion und Fotos: Stephanie Brall
Text Seite 23–26: Ann-Kathrin Blohmer
Illustrationen und Handschriften: Ann-Kathrin Blohmer
Lektorat: Nicolas Koch, Gudrun Webel
Druck und Bindung: Print Consult GmbH
ISBN: 978-3-96340-049-0

5 4 3 2